개정

유아 영어교육의 이론과 실제

| 이경우 · Craig C. Merrill · 곽향림 · 이연승 · 전지형 지음 |

협 조 연구진 : CCE 연구진

창지사

:: 저자의 말

필름을 넣어 사진을 찍고 한 장면 장면을 인화하던 1960년대에 듣던 말이 있었다. "머지않아 필름 없이 사진 찍을 날이 온단다." 그때는 반신반의하면서 어떤 것이 발명될 것인지 미지의 세계에 대해 궁금해(wonder)하였다. '어떤 일이 일어날까? 참 궁금해(I wonder··· what will happen?)' 라고 생각하는 동안 어느 사이에 많은 변화를 체험하게 되었다.

지난 50년 동안 어떤 일이 일어났지?(What happened?) 지금 내 손에는 스마트폰이 있고 그것으로 사진을 찍고 소리를 넣고 친구와 정보를 공유한다. 그뿐인가? 컴퓨터 기능을 담은 작은 기기가 우리 생활 주변에 넘쳐난다. 손목시계처럼 생긴 기기의 화면에서 정보를 얻는가 하면, 안경처럼 생긴 기기의 버튼을 누르면 상대방과 통화도 할 수 있고 영상을 볼 수도 있게 되었다.

인류의 궁금증, 상상력, 창의력은 이 분야와 저 분야의 기술(technology)을 융합하여 드디어 사진과 소리를 담고 정보기술(IT: Information Technology)을 융합하여 놓았다. 생각의 변환, 즉 패러다임 변화는 상상하지 못했던 혁신적이고 다양한 디지털 기기를 창안해 놓았다. 인류 역사상 그 어느 시기보다 디지털 시대의 모습이 넘쳐나고 있다.

교육에 적용해 왔던 생각은 IT 융합에 그대로 나타나 더 이상 행동주의에 입각한 앱, 즉 일방적 가르침, 공격적인 게임의 앱은 어린이를 고립으로 이끌고 반항하게 하고 게임중독에 빠지게 하므로 바람직하지 않게 되었다. 어린이도 어떤 것이 흥미 있는 지, 그리고 새로운 것을 발견할 수 있는지, 상호작용을 할 수 있는 자료인지와 같은 안목을 갖게 되었다. 어린이는 다문화의 디지털 미디어 세계에 살게 되었다.

이 책은 세계적인 교육개혁과 맥락을 같이 하면서, 우리나라 누리과정과 연계하는 구성주의 기반의 영어교육 방향을 제시한다. 미국의 경우, 교육개혁은 주로 유아 단계부터 과학교육: STEM(Science, Technology, Engineering, and Math)에 막대한 투자를 하면서 이루어지고 있다. 교육개혁의 투자는, 유아 단계에는 북아이오와 대학(University of Northern Iowa) 구성주의 유아교육 프로그램에만 지급되어 STEM 교육을 강화하고 있다. 즉, 전부터 이루어지고 있는 구성주의의 프로그램에 현대적 의미의 과학교육 내용을 더하는 것으로 융합교육은 이루어진다. 과학 활동에서는 요리를 해 보며 도구를 사용하고, 전기 프라이팬에 열을 가하고 팬케이크를 만들어 보는 동안 화학적 변화를 관찰한다. 열을 가해 보는 과정을 통해 기포가 나타나는 것을 관찰하고 더 나아가 기록하며, 물질이 변하고 언제 뒤집을지 시간도 알게 되는 심층적 경험을 하게 된다. 그리고 다른 재료나 물을 더해 보면서 새로운 레시피를 창안해 보기도 한다.

STEM 활동의 하나로서 공학(Engineering)적인 측면을 다루는 활동은 경사 활동(ramp activity)인데, 어린이는 경사에서 어떤 물체가 잘 굴러가는지를 탐색(실험)하면서 물체와 환경 사이의 조건을 알게 될 뿐만 아니라 재미있는 생각을 펼쳐 나아가며 물체와 속도와 움직임 간의 상호작용을 관찰하고 경험하게 된다. 이런 활동을 해본 어린이는 훗날 도시를 구상하고 도로(경사) 조건에 맞는 교통수단(굴러가는 물체)도 꾸며 보는 창의적 생각도 펼칠 수 있게 된다.

그룹 게임, 패턴 활동 등과 같은 논리·수학적 지식의 수학 활동은 논리적 사고는 물론 사회·도덕적 측면을 길러 가게 한다. 무엇보다도 그룹게임은 순서를 지키고 자기를 조절할 수 있게 됨으로 갈등상황에서 문제를 해결하도록 하며 사회·정서적 발달에 도움을 준다. 또한 융합과학에서 자칫 간과할 수 있는 사회·도덕적 측면을 강화한다.

이 책은 2000년대 초반에 영어교육으로 고민하는 현장의 여러 원장님과 선생님의 요구, 연구, 협조로 시작된 컨텐츠 기반 영어교육의 후속 연구물이다. 당시에는 UCLA의 Campbell 박사님의 도움으로 컨텐츠 기반에 기초를 둔 영어교육연구를 해 나아갔다. 그러나 현재는 멀티미디어의 영향, 과학교육으로의 혁신 및 건강한 음식과 운동을 하는 개인과 사회의 요구로 컨텐츠 기반으로부터 더 나아가 모국어로 심층적 활동을 하고 핵심 영어 표현을 알게 하는 이중언어교육의 방향을 구성주의적 관점으로 전개하였다.

이 책은 이론과 실제로 구성되어 있다. 이론에서는 영어교육에서 알아야 할 언어 습득 이론과 방법 등을 살펴보았다. 실제에서는 구성주의에 입각해서 융합교육을 강조해서 전개하였다. 사실 구성주의를 하나의 영어교육 프로그램(활동)으로 정리해서 획일적 모습으로 나타낸다는 것은 쉽지도 않고 오해의 여지도 있으나, 이것을 가이드라인으로 교사가 응용해 나가는 것이라고 생각하면 될 것이다.

어려운 원고를 출판해 주신 창지사 사장님과 편집하느라고 애쓴 여러분께도 감사드린다. 항상 너그러운 마음으로 수정에 수정을 더해 주셔서 송구스러울 뿐이다.

연구자 일동

차_례_

제VI부 영어교육 자료 활용 방법

제VII부 영어교육 프로그램 실제

제 I 부에서는 영어교육의 필요성과 영어교육의 방향에 대해 살펴본다.

제1장 유아 영어교육의 필요성에서는 시대 흐름과 시대에 필요한 인물, 그리고 현 사회와 발맞추는 영어교육에 대해 살핀다. 우리가 사는 사회는 원시사회, 농업사회, 산업사회, 정보사회를 거쳐 지금은 지식사회 혹은 스마트 소사이어티에 도달하였다. 이런 시대의 흐름에서 교육개혁은 융합과학의 방향으로 나아가며, 시대적으로도 필요한 인물은 다르다. 사용되는 언어는 모국어와 의사소통 언어인 영어이므로 영어교육의 필요성은 개인은 물론 사회의 요구로서 필요하다.

제2장에서는 유아 영어교육의 균형을 세 가지로 살핀다. 즉, 언어교육에서의 균형, 교수법에서 균형 그리고 언어 형태로서의 균형을 말하면서 의사소통 능력과 인지 학문적 언어의 균형으로 영어교육의 방향이 되어야 함을 말한다.

제 I 부

영어교육의 필요성과 방향

제 1 장

유아 영어교육의 필요성

본 장에서는 급변하는 시대적 흐름과 이에 발맞추는 융합교육의 측면에 대해 생각해 보면서 시대에 필요한 인물을 살피고 구성주의적 접근의 영어교육의 필요성에 대해 생각해 본다.

1. 시대적 흐름과 중심인물의 변화

1) 시대적 흐름

인류가 사용하는 기술(technology)은 전과는 사뭇 다른 가속화의 성격으로 빠르게 변화하고 있다. 연대기적으로 보아 지금은 제3의 물결에서 제4의 물결로의 전환점에 접어들고 있다. 이런 급속한 변혁은 제1의 물결 시대였던 농경사회나 제2의 물결이었던 산업사회와는 사뭇 다른 모습으로 혁신되고 있다(Toffler, 2006).

제1의 물결은 농업사회에서 필요한 기술적인 면은 동굴에 손으로 그림을 남기는 정도로 지속되어 왔다. 그러다가 강물이 범친 후 영역을 기록하는 등 농경을 위한 기록으로 피타고라스 정리(BC 510)로 의사를 전달하게 되었다. 기원 105년에 이르러서야 종이가 중국에서 발명 되면서 기록이라는 기술의 문화가 생겨나기 시작하였다. 382년에는 펜과 잉크를 사용하여 성경을 베껴 쓰는 등 필사의 기술이 발달되었다. 1450년에 이르러 구텐베르크(Gutenburg)의 인쇄 기술이 개발됨으로써 인류 최초로 기계가 대량으로 인쇄물을 출간할 수 있고 정보를 나누는 기술로 발전되었다. 인류는 차츰 인쇄 기술을 사용하고 칠판을 사용하는 기술을 공교육(1600년)으로 발전시켰다. 그러다가 드디어 학교에서 책자를 사용하는 기술(1700년)을 활용하였다.

제2의 물결은 농경사회의 농작물을 운반하는 증기기관차를 발명함(1760년대)으로써 공간의 문제를 극복하는 산업혁명의 모습으로 변화하였다. 즉, 철도를 사용하고 운하를 활용하는 문화(1790년대)로 탈바꿈하게 되면서 생산의 모습은 변화되었다. 게다가 공간을 추월하는 소통의 문제를 해결하는 전화기(1876년)의 발명은 산업사회에서 통신의 르네상스 문화를 창조하게 되었다. 1910년에는 처음으로 라디오가 발명되어 소리를 전달하는 시청각 시대로 들어서게 되었다. 1930년에는 영사기, 1940년에는 오버헤드프로젝터(Overhead Projector)가 개발됨으로써 그야말로 시청각을 사용하는 테크놀로지의 문화를 갖게 되었다. 이런 문화혁명은 농경사회에 비해 짧은 기간 동안에 일어난 기술의 혁명으로서 300년간 지속적으로 이루어진 것이다.

제3의 물결은 정보사회(Information Age)의 모습으로 인류가 텔레비전, VCR, VHS 테이프를 개발하면서 시작되었다. 그리고 1990년대에 소개된 혁신의 주인공인 컴퓨터가 제3의 물결을 가속화한 것이다. 교실에서 컴퓨터를 활용하는 교육은 당대에 인기 있던 행동주의 양상으로 적용되었다. 그러나 상호작용적 칠판이 개발(1991)되면서 교육의 모습은 상호작용적인 것, 즉 구성주의적인 맥락으로 변화되기 시작했다. 그런데 1995년에 개발된 팩스기기야말로 문서를 순식간에 세계로 정보를 내보내고 받는 디지털 시대로 변화시키는 원동력을 제공하였다. 더욱이 랩탑 컴퓨터나 큰 스크린의 등장은 상호작용적 시대(Interactive Age)로 진일보시켰다. 2000년대에는 서류를 카메라에 담아 보내는 스마트 기기가 발명되었고, 이는 의사소통의 방법을 다양하게 만들었다. 2010년에 등장한 디지털 미디어는 기존의 의사소통 기능을 좀 더 통합적이며 상호작인 것으로 융합해 놓았다.

따라서 제4의 물결은 지식 기반의 혁명으로 이끌어 가고 있다. 김성태(2012)는 이 시대를 스마트사회(Smart Society)라는 특징을 부여하며 정보사회(Information Technology)가 요구하는 기술은 기술 간의 융합이라고 말한다. 한 기기 내의 다양한 기능의 융합이 있는가 하면 서로 다른 기기 간의 융합도 가능한 디지털 미디어의 세계는 그야말로 다양성 그 자체로 기능을 드러내고 있다.

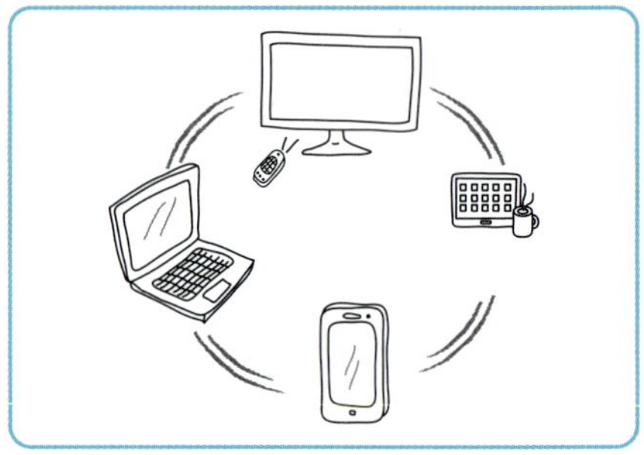

엘빈 토플러(2006)는 제4의 물결을 지식 혁명의 대소용돌이로 분석한다. 심화된 제3의 물결이 가져올 심층 기반의 변화, 그로 인해 도래할 새로운 혁명 요인으로 시간, 공간, 지식을 꼽는다. 평범해 보일 수도 있는 이 요인은 경제, 사회 전반에 영향을 준다. 토플러가 주목한 심층 기반 중 가장 핵심적이라고 할 수 있는 것은 지식이며, 이것이 존립 기반을 이룬다는 것이다. 그는 지식이 상호작용하면서 더 거대하고, 힘 있는 지식으로 재구성되고 있다고 말한다. 더불어 무한대의 속도로 지식이 변화, 발전하고 있기 때문에 시대적으로 무용지식과 진실을 구별해 내는 방법을 익혀야 한다고 말한다. 그는 기존의 진실 여과 장치의 허울과 진실 여과 장치로서의 과학의 중요성을 밝히며 어떤 진실 여과장치를 사용하느냐에 따라 미래 경제의 모습이 달라질 것이고 과학에 가해지는 위협을 해결하고 혁명적 부를 창출할 수 있다고 한다.

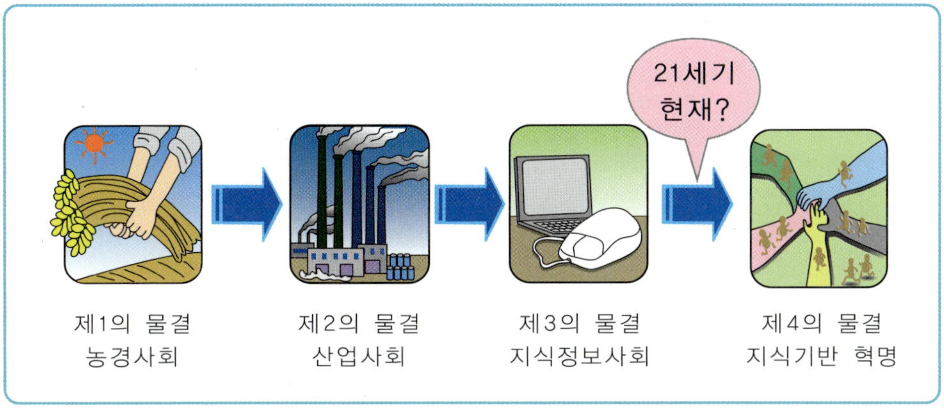

이처럼 미래학자 앨빈 토플러(2006)는 미래를 진단하는 통찰력은… 그것은 곧 부의 패러다임 변화인데 제1의 물결이 농업혁명을, 제2의 물결이 산업혁명을 거쳐 제3의 물결인 정보혁명이 이제 제4의 물결인 지식혁명을 가속화하고 있다고 본다. 결국 지식혁명이 불러올 혁신(부)의 미래를 우리에게 보여 주고 있다.

본서의 저자들은 인류 변혁의 요인은 인류가 사용하는 기술(technology)의 혁명과 밀접한 관계가 있다고 본다. 인류가 사는 삶의 양식은 서로 다른가 하면 서로 공통적점을 갖고 있는데 서로 정보를 나누고 알리고 싶어 하고 자녀들에게도 가르치고 싶어 한다. 그리고 교통 · 통신의 발달은 지구를 하나의 커다란 마을로 만들어 놓았는데 이것의 중심은 테크놀로지의 역할이라고 생각된다. 우리가 지구상에서 순식간에 정보를 공유하는 유튜브(Youtube)도 지식의 산물이며 시대적 특징을 드러내고 있다. 기술교육의 역사는 다음 그림으로 쉽게 이해될 것이다.

기술 교육의 역사(The History of Technology Education)

고대	동굴에 그림 그리기(Cave Drawings)
BC 510	피타고라스 정리(Pythagoras Academy)
105	중국의 종이 생산
382	필사본(Manuscript Transcription)
1450	구텐베르크의 인쇄기(Gutenberg Printing Press)
1600	공교육에서 칠판의 사용(Public Education – Chalk board)
1700	공교육에서 책 사용(Public Education – Books)
1760	증기 기관(철도), 산업혁명
1790	운하
1876	유선 전신 전화기(산업사회에서는 교통 · 통신 기관의 혁신으로 세계 시장을 확대시키는 등 교역과 문화 교류가 달라짐 – 이 시기에는 기술에 대한 혁신보다는 산업에 대한 혁명이 지배적)
1910	시청각 시대 – 라디오(Audio Visual Age – Radio)
1930	영사기(Film Strip Projector)
1940	오버헤드 프로젝터(Overhead Projector)
1960	정보사회(Information Age) – 텔레비전(Television), VCR 혹은 VHS Tape 흑백에서 천연색 텔레비전 발명(Color Television)
1990	컴퓨터 사회(Computer Age) – 데스크탑 컴퓨터로 교사가 교실에서 가르침
1991	최초의 상호작용적 칠판(First Smart Board Interactive White board)
1995	디지털 사회(The Digital Age) – 팩스(Fax) 사용으로 글로벌 빌리지로 정보 교류의 가속화
2000	상호작용 사회(Interactive Age) – 랩톱(Laptop) 컴퓨터, 대형 스크린 등장
2010	다양한 스마트 기기(Smart Response XE) 등장, 문서 촬영 카메라(Document Camera), 탭북(태블릿과 노트북의 융합), 방송과 통신의 융합

참조: Youtube(www.youtube.com/watch?v=UFwWWsz_X9s)

이런 시대적 흐름에서 테크놀로지는 변혁의 주인공이 된다. 지금 우리가 사는 세상은 테크놀로지의 융합이 그 특징이며 장래에도 더 많은 융합이 이루어져 변혁이 이루어질 것으로 전망된다.

그렇다면 이런 시대에 필요로 하는 인물은 누구일까? 그리고 어떤 교육이 개인과 사회 및 국가에 맞고 적합할 것인가? 다음 항에서 숙고해 보기로 한다.

2) 시대적 변화에 필요한 중심인물

위에서 언급한 것처럼 지금 우리가 사는 사회는 원시사회, 농업사회, 산업사회, 정보사회의 흐름을 따라 진보하였다. 이런 현대사회에 대해 다양한 용어들이 혼용되어 표현되기도 한다. 즉, 현대사회를 스마트사회(Smart Society), 정보화 사회, IT 사회, 하이터치 사회, 융합사회, 녹색사회 등의 단어로 현대사회를 말한다. 특히 지난 150년의 급변하는 세월에 대해 표현한 여러 관점이 있으나 독특하게 표현된 몇 가지가 있다.

핑크(Pink, 2005)는 시대적 변화를 연극의 3막으로 종합하여 표현하였다. 그는 제1막은 산업화 시대, 제2막은 정보화 시대, 제3막은 하이콘셉트·하이터치의 시대라고 명명하면서 각 시대의 경제적 원동력은 무엇인지, 그리고 그 시대가 요구하는 중심인물은 어떤 인물인지 구분하여 말한다.

장면	시대	경제 원동력	중심인물
1막	산업화 시대	대형 공장, 효율적 조립, 대량 생산	대량 생산 노동자 (육체적 힘과 강한 체력)
2막	정보화 시대	정보와 지식	지식근로자
3막	하이콘셉트·하이터치 시대	창조, 지식 기반, 감성	창작자, 타인의 감성적 공감을 이끌어 내는 능력의 소유자

김영길(2009)은 지금의 교육 패러다임에 맞는 것은 녹색 성장의 융합, 창의성, 다문화 이해 등이라고 말한다. 하나밖에 없는 지구의 녹색 성장은 심각하게 논의되어야 한다. 이런 시대의 변화는 그야말로 급변해 나아가기 때문에 시대에 맞는 인간상과 교육의 요구 역시 추측이 불가능할 정도이다. 이각범(2010)은 현 사회는 인터넷과 통신으로 인한 복합사회로서 지구의 변화, 지구 온난화, 자본의 고갈 등으로 전혀 다른 새로운 변화를 가져오는 시대라고 말한다. 멀티미디어, 인터넷과 통신은 우리에게 창의와 문제 해결을 요구하는 교육을 생각하게 만들며 지구 온난화야말로 다음 세대를 위해 우리가 지금 해야 할 일을 심각하게 생각하도록 만든다. 농산물과 물고기의 생태가 변화되는 환경에서 삶의 방향을 변형시켜야 하는 다음 세대의 삶도 생각하게 한다.

김성태(www.channelit.co.kr - '한국 정보를 이끌다', 2012. 10. 05)는 앨빈 토플러(Toffler, 2006)가 말한 제3의 물결인 정보통신 기술 이후, 현재는 제4의 물결인 스마트 사회(Smart Society)에 와 있다고 강조하고 있다. 그는 개인이 컴퓨터를 소유할 수 있게 되면서 IT 혹은 스마트 사회의 혁명은 전보다 더 정보통신 기술이 필수적인 것으로 되어 새로운 창조, 정보화, 소통, 협력 등 개인의 참여가 가능한 인간 중심을 논하고 있다. 물론 스마트 태블릿에서 사용되는 정보는 다양한 앱의 사용으로 가능하다. 이런 양상은 글로벌 혁명(Global innovation)이라고 할 수 있으며 세계가 지향하는 것이다.

위의 관점을 종합하여 볼 때 지식기반사회, 융합사회, 복합사회, 하이콘셉트 · 하이터치 시대의 특징에서 필요한 인간상은 우선 지구 온난화에 따른 생태계의 문제를 숙고하는 인물, 즉 하나뿐인 지구를 살리는 문제에 민감하고 공헌하는 인물이다. 다음은 현대사회가 요구하는 스마트 태블릿을 활용하는 창의적 인물, 즉 많은 정보를 분석하고, 분류하고, 적용하는 창안적 인물이다. 그리고 더 나아가 현대 IT 사회에서 필요한 인물은 더불어 사는 글로벌 빌리지에서 새로운 정보를 나누고 상호작용을 하며 서로 협력하며 감성을 나눌 수 있는 능력 있는 인물이다.

이런 시대적 변화에 적합한 교육이 무엇인지 다음 항에서 살핀다.

3) 시대적 변화에서 필요한 언어(영어)교육

지식기반사회, 융합사회, 복합사회, 하이콘셉트 · 하이터치 시대로 일컬어지는 현 사회에서는 서로 다른 문화를 존중하며 국제 언어인 영어를 통해 융합하고 당면하는 여러 일이나 문제를 다루게 된다. 다른 말로 하면 스마트사회에서는 농경시대, 산업사회, 지식정보사회에서보다 경제적 원동력을 얻기 위해 중심인물의 특성이 변화되었다. 글로벌 빌리지에서 녹색성장 및 개인의 안녕을 논하며, 의사소통을 영어로 하여 정보를 나눈다. 영어가 필수라는 점은 세계가 IT로의 경쟁 가운데 영어를 자연스럽게 사용하고 있는 모습에서 뚜렷하게 나타나고 있다. 정보를 전달하는 기기의 하드웨어와 운영, 정보관리에 필요한 소프트웨어 기술을 융합하고 재창조하기 위해 영어는 필수적으로 사용된다. 뉴스나 문화교류에서도 진행은 영어로 되고 있다. 어느새 지구촌에서 영어는 의사소통의 언어가 되었으며, 이러한 시대적 흐름에 맞추어 세계적으로 영어교육은 필연으로 정착되어 버렸다.

우리나라도 예외는 아니어서 2012년부터 영어교육은 유아 단계에서 특별활동으로 운영할 수 있게 되었다. 영어교육의 찬·반이 거론된 1990년대 중반기에서 10년이 채 되기 전에 영어교육은 초등학교 3학년에서부터 유아 단계로 하향화되어 실천하게 된 것이다. 그렇다면 영어교육 프로그램은 분명히 시대적 영향을 받을 것인가? 교육은 시대를 역습하여 실천되지 않는다. 교육은 개인의 요구, 사회의 요구, 더 나아가 국가의 요구에 순응하면서 백년대계로 이루어진다. 아니 그보다 개혁적으로 이루어진다.

한때 국제 언어가 그리스어였던 적이 있었으나 그 후 불어로 이동하였고 이제는 영어로 되어 버렸다. 영어를 구사함으로 리더(leader)가 되고 추종자(follower)가 되지 않으려는 노력은 문화교류(예: 영화제)에서 두드러지게 나타나고 있다. 이승재 LJ필름 대표는 '아카데미 영화로 가는 길(2012)' 에서 김기덕 영화감독에 의한 '봄 여름 가을 겨울 그리고 봄' (베니스 영화제에서 황금사자상 수상)이라는 영화가 외국과 합작하고 영어로 되었다면 미국시장뿐만 아니라 세계시장을 석권했을 것이라고 말한다. 그는 우리나라 사람들이 말하는 '가장 한국적인 것이 가장 세계적인 것이다' 라는 문구에 하나 빠진 것이 있다면 '영어로 만들어졌을 때' 라는 문구가 있어야 한다고 지적하면서 국가 간 융합 전략이 바로 영어 사용에 있다고 했다. 이런 측면에서 그는 융합교육에서 언어를 강조하고 있다.

융합교육이란 우리나라 교육정책(2011)으로서 미국의 교육개혁인 STEM에 예술(Arts)을 더한 것이다. 즉, 교육과학기술부는 2007년 개정 교육과정의 문제점을 수정·보완하여 창의인성교육을 교육 목표로 강화한 것이다. STEM에 미술(arts)을 융합하여 과학 이외에도 미술과 언어적 측면의 융합(STEaM)을 강조한 것이다. 이는 Debra(2010)의 입장과 흡사한 것으로 교사는 교수 과정에서 전문적인 예술가일 필요는 없으며 어린이는 전통 교육 방법이 아닌 새로운 방법으로 접근하는 것이 중요함을 의미하며, 교육의 형태는 과학적·수학적·기술적·공학적·예술적 요소가 하나의 주제로 융합되는 주제 중심의 통합교육의 모습이어야 함을 의미한다. 본 연구자들 역시 STEM에 언어를 포함시킨다. 즉, 그림책의 그림과 총체적 접근의 언어 분야, 더 나아가 이중언어 부분을 예술에 포함한 STEaM의 입장을 지향한다.

영어를 외국어로 다루는 나라는 우리나라뿐만 아니라, 우루과이, 인도네시아, 이란, 러시아, 대만, 베트남, 터키, 중국, 싱가포르, 일본, 아랍에미레이트 등 여러 나라가 있다. EF(Education First)의 통계에 의하면 세계 주요 54개 국가 평균 영어 실력을 조사한 결과, 우리나라는 21위에 속한다. 우리나라는 영어교육을 위해 세계 어느 나라보다 많은 투자를 하고 있지만 의사소통의 영어 실력은 투자한 만큼 효과적이지 못하다는 사실은 놀라운 것이다.

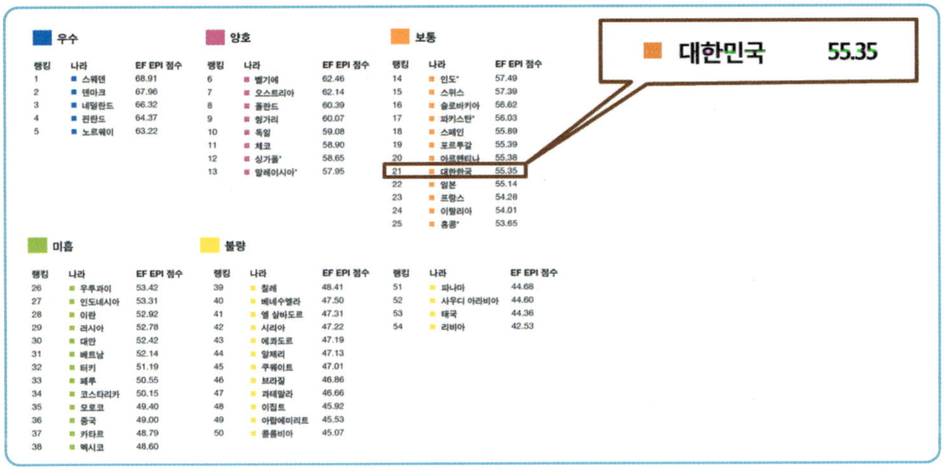

우수

랭킹	나라	EF EPI 점수
1	스웨덴	68.91
2	덴마크	67.96
3	네덜란드	66.32
4	핀란드	64.37
5	노르웨이	63.22

양호

랭킹	나라	EF EPI 점수
6	벨기에	62.46
7	오스트리아	62.14
8	폴란드	60.39
9	헝가리	60.07
10	독일	59.08
11	체코	58.90
12	싱가폴*	58.65
13	말레이시아*	57.95

보통

랭킹	나라	EF EPI 점수
14	인도*	57.49
15	스위스	57.39
16	슬로바키아	56.62
17	파키스탄*	56.03
18	스페인	55.89
19	포르투갈	55.39
20	아르헨티나	55.38
21	대한한국	55.35
22	일본	55.14
23	프랑스	54.28
24	이탈리아	54.01
25	홍콩*	53.65

대한민국 55.35

미흡

랭킹	나라	EF EPI 점수
26	우루과이	53.42
27	인도네시아	53.31
28	이란	52.92
29	러시아	52.78
30	대만	52.42
31	베트남	52.14
32	터키	51.19
33	페루	50.55
34	코스타리카	50.15
35	모로코	49.40
36	중국	49.00
37	카타르	48.79
38	멕시코	48.60

불량

랭킹	나라	EF EPI 점수
39	칠레	48.41
40	베네수엘라	47.50
41	엘 살바도르	47.31
42	시리아	47.22
43	에콰도르	47.19
44	알제리	47.13
45	쿠웨이트	47.01
46	브라질	46.86
47	과테말라	46.66
48	이집트	45.92
49	아랍에미리트	45.53
50	콜롬비아	45.07
51	파나마	44.68
52	사우디 아라비아	44.60
53	태국	44.36
54	리비아	42.53

출처: http://www.ef.co.kr/

| 우리나라의 영어 실력 |

무엇이 잘못된 것일까? 그 이유는 무엇일까? 어떤 사람은 그 이유를 간단하게 해석한다. 즉, 잘못된 영어교육의 방법을 사용해 왔기 때문이라는 것이다. 지금 성인이 된 세대는 문법 번역식이나 청화식 교육 방법으로 영어를 배워 왔기 때문에 사용 가능한 영어를 습득하지 못했다는 해석이 나온다. 이는 커민스(Cummins, 1991)가 언급한 쉬운 대인관계 의사소통 능력(BICS: Basic Interpersonal Communication Skill)이 없기 때문이다. 즉, 생활영어를 배우지 못했기 때문에 기성세대는 의사소통의 영어를 잘 구사하지 못한다. 우리나라는 주로 인지학문적 영어(CALP: Cognitive

Academic Language Proficiency)에 치중하는 영어교육을 하기 때문에 놀이터영어인 생활영어 혹은 의사소통의 영어는 잘하지 못한다.

우리는 아직도 급변하는 시대의 요구인 의사소통의 영어교육과 클릭(click) 하나로 이루어지는 태블릿의 사용으로 가능한 개인 및 사회의 요구에 의한 영어교육 프로그램을 실시하지 않는 이유에 대해 숙고해야 한다. 멀티미디어의 발전은 어제와 오늘이 다르다. 어린이가 사용하는 수많은 태블릿과 앱이 개발된다. 어린이는 이런 제품들을 쉽게 사용하고 숨은 기능들을 찾아내고 사용한다. 그들에게 그것은 한국어이든 영어이든 상관이 없다. 우리는 세계 시민으로 살아갈 다음 세대를 위해 세계적으로 일고 있는 변화의 흐름을 속히 파악하고 이에 걸맞은 영어교육 프로그램으로 영어교육에 임하고자 하는 연구와 실천을 해야 할 것이다. 지식사회가 상호작용을 강조하는 모습과 앱의 상호작용적 사용을 지향하는 것을 미루어 보아서도 교육에서 상호작용을 강조하는 구성주의에 입각한 영어교육은 시대에서 필수적인 것으로 실천되어야 할 것이다.

2. 교육 개혁에 따른 영어교육의 방향

본 항에서는 지식기반사회에서 더 나아가 지식혁명사회에서 이루어질 수 있는 과학교육의 방향을 융합창의교육과 다른 영역과의 융합으로 숙고하고자 한다. 특히 다른 영역과의 융합에서는 건강, 인터넷, 앱의 분야를 살펴보기로 한다. 이러한 내용은 모국어로 우선 실시하지만 핵심 표현은 영어교육으로 융합되는 방향이 되어야 함을 강조한다.

1) 융합교육(STEM)

과거에도 그랬듯이 세계 여러 나라는 선의의 경쟁을 한다. 어떤 나라는 복지로, 어떤 나라는 문화로 독특성을 자랑하고 리더가 되려고 노력한다. 그러나 소련이 스푸트니크를 우주에 쏘아올린 이후부터 세계 경쟁에서 리더가 되려는 노력은 과학교육 개혁에 치중되고 있다고 해도 과언이 아니다. 현재 과학교육의 개혁은 위에서 언급했듯이 STEM(Science Technology Engineering Mathematics: 과학 기술 공학 수학)을 강조하는 측면으로 치중한다. 그 대표적인 예가 미국의 교육개혁 정책이라고 할 수 있다. 오바마 정부는 교육개혁을 위해 막대한 정부 지원을 과학교육에 투자하고 있다. 유아교육을 위해서는 북아이오와 대학(UNI: University of Northern Iowa)의 유아교육센터(CEESTEM: The Center for Early Developmental Education STEM) 프로그램에 막대한 투자를 하여 유아기부터 과학적 소양과 재미있는 생각(창안적 생각)을 펴나가게 한다.

CEESTEM

따라서 구성주의 교육은 인식론적 입장(Piaget, 1965)에서 개발된 초기 단계(Kamii & DeVries, 1978; Kamii, 1980)의 이론을 근거로 현 시대를 위한 STEM을 지원하는 배경으로까지 확장되고 있다. 즉, 사회·도덕적 측면과 물리적 지식 활동을 강조하는 인지적 측면이 STEM 안에서 조명되며 테크놀로지 엔지니어링과 같은 영역이 부각되면서 과학에 좀 더 치중하는 것으로 진일보하였다. 그리고 기존의 요리 활동 안에 포함되었던 요리 도구의 테크놀로지(technology), 즉 믹서, 전기 후라이팬, 전자 오븐의 사용 등이 좀 더 강조되는 활동을 한다. 이와 더불어 공학(engineering)을 융합하는 경사나 소리 만들기(후에 의사소통 기기 창안하기) 활동이 더욱 강조되고 있다.

기술(technology) 강조 활동

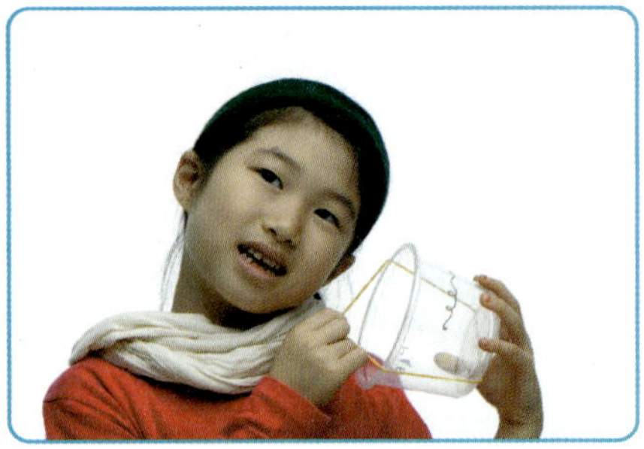

| 공학(engineering), 즉 과학과 물리학과 융합의 활동 |

요리과학은 이미 1960년대 뱅크 스트리트 프로그램(Bank Street Program)에서 통합적 접근으로 소개되었다. 그 후 구성주의의 초기 프로그램에 물리적 지식 활동(Physical Knowledge activity)으로 소개되었다. 우리나라에서는 누리과정에 소개되고 있다. 요리과학이 시대에 따라 다른 점이 있다면 급변하는 과거와 현재의 시대적 특징을 담은 것이다.

1960년대	Bank Street Program	통합적 접근 (예: 스파게티 공장 관찰 연계 등)
1990년대	Univ. Houston	구성주의 프로그램 (예: 얼리기 요리하기 등 관찰)
2010년대	Univ. Northern Iowa CCESTEM	STEM 과학교육 연계 (관찰–기록–창안)

요리과학(cooking science) 활동은 융합과학의 특징이 있다. 요리는 과학은 물론 언어(재료 이름, 테크놀로지 어휘, 요리표 읽기, 실험 후 기록하기 등), 수학(양 및 요리 순서, 시간 등), 사회(협조, 치우기, 청결, 음식 먹은 후 운동하고 건강하기 등), 창의(다른 조건에서 요리과학 실험하기, 다른 요리–소스 믹스 등– 만들어 보기 등) 활동으로 융합과학으로는 손색이 없다.

구성주의 교실에서 요리과학 활동은 매일 할 수 있는 흥미 영역에서 어린이가 전자레인지를 사용하고, 요리를 하는 중에 변인(예: 물의 양이나 요리하는 시간 등)을 달리 하여 관찰하고, 어떤 일이 일어났는지 결과를 요리한 음식을 먹어 봄으로써 인식하고 때로는 기록하는 것으로 전개된다. 어린이가 같은 음식을 거듭해서 요리해 봄으로써 다양한 도구를 이용한 하나의 실험으로 그 과정 속에서 변을을 달리 하며 창안하기 활동까지 전개될 수 있어 심화 과학 프로그램이 되고 있다.

심화 활동으로 음식과 요리하는 앱(구성주의 양상의 것)을 사용하는 활동은 태블릿을 통해 가상놀이를 함으로 테크놀로지의 측면에서 볼 때 하드웨어와 소프트웨어의 융합을 알도록 해 주는 흥미 있는 활동이 된다. 즉각적이며 반응이 빠른 개방적 앱의 활동은 어린이의 흥미를 일으킬 수 있는 융합교육과정의 연계 활동으로 바람직하며 정보사회를 이끄는 리더십의 초기 활동이라고 할 수 있다.

요리하기는 어린이에게 집에서는 일반적으로 허용되지 않는 요리를 원에서 해 보는 기쁨을 누리게 하며, 오감각을 통한 경험과 과학적 사고를 재미있게 펴나갈 수 있기 때문에 어린이가 매우 선호하는 활동이다. 그리고 '먹는 기쁨' 이 있기 때문에 흥미는 물론 편식 습관도 없애 줄 수 있는 활동이다.

과학과 공학(Engineeing)의 융합은 물리과학 활동으로 강조되는데 주로 경사 활동, 블록 활동, 소리의 전달 매체 창안하기와 같은 것이 주를 이룬다. 이는 힘을 물체에 가하고 그 변화를 관찰하는 것과 같은 것으로 관계를 짓는 활동이다. 다양한 블록을 사용하여 경사를 만들면서 어린이는 도시를 구상해 보며 상상을 한다. 소리를 만들어 보다가 스마트폰을 사용하고 앱을 사용하는 활동은 어린이로 하여금 창안과 상상의 날개를 펴나아가며 미래 테크놀로지의 세계에서 필요한 기기를 가상적으로 만들어 보게 한다.

우리나라에서는 교육과학기술부의 2011년 업무계획과 제2차 과학인재개발육성계획('11-'15)의 내용이 소개되면서 앞에서도 언급했듯이 미국의 STEM을 기초로 하여 STEaM을 교육정책으로 하고 있다. 즉, STEM에 arts(예술)를 더하여 융합 창의 인성(교육과학기술부, 2010)의 정책을 지향하고 있다.

이러한 STEaM 정책에 기반을 둔 영어교육은 누리과정의 실행에서도 영어 특별 활동으로 나타나고 있어 세계 교육 개혁과 발맞추어 나아가려는 노력으로 보인다. 누리과정에서 영어교육은 특성화 프로그램으로 오후에 실시하도록 하고 있다.

〈표 1-2〉 **우리나라 융합창의교육 정책**

구분	2010	2020	교육적 이슈	유아교육 고려 사항
과학기술 변화 트렌드와 교육적 이슈	Web 20	Web 40	• 교육 40(교육페러다임의 변화) 하급사회	
			• 집단지성과 학습생태계	
			• e-learning 활성화	○
	스마트 네트워크 사회 시작	스마트 네트워크 사회 강화	• 스마트 교육환경	○
			• 스마트 러닝	
			• 맞춤형 교육	○
	hard power	soft power knowlodge power	• 창의적 인재	○
			• 지식 엘리트	

주: 한국교육개발원(2011). 향후 10년의 국가 교육의 장기 비전에서 일부 내용을 발췌한 후, 유아교육에서의 고려 사항을 추가하여 재작성한 표임.

2013년도 새 정부에 의해 실시된 우리나라 ICT(Information & Communication Technology) 공약 다섯 가지 중 하나는 건강하고 역동적인 정보통신 생태계 기반을 구축하고자 한 것이다. 스마트네트워크 사회의 시작이나 강화를 할 때, 사용되는 언어를 영어로 한다면 우리나라의 IT 산업은 세계 경제에서 통용되고 이해되는 내용으로 되어 리더의 자리에 오를 것이다.

2) 다른 영역과의 융합 : 건강, 인터넷, 앱

(1) 건강 – 미국 농무성(USDA: United States Department of Agriculture)

미국과학교육의 교육개혁 정책을 돕는 부처는 미국무부라고 해도 과언이 아니다. 미국 농무성은 STEM 교육정책과 융합하는 연구는 개인의 안녕을 위한 정책으로도 확장하여 9가지 연구로 동참한다. 그중 하나로 지구 온난화로 인한 농작물 재배의 변화, 소아 당뇨를 방지하기 위한 음식 골고루 먹기 및 운동하기는 개인의 건강을 위한 음식 피라미드(My Pyramid, 2005)와 내 접시(My Plate, 2011)에 대한 연구와 방안을 강조한다. [그림 1-1]에서 보듯이 음식군은 색으로 표현되며, 운동하기를 강조하는 포스터를 유아교육기관에서 활용할 수 있도록 다운받는 자료로 소개한다. 어린이가 좋아하는 활동 중에 가장 선호하고 흥미 있어 하는 것은 요리과학 활동이며, 음식 이름을 알고 골고루 먹고 건강해지기와 같은 것은 자연스럽게 투입된다.

[그림 1-1] USDA의 음식 피라미드(Food pyramid) 포스터와 내 접시(My Plate)

북아이오와 대학 부속기관인 구성주의 교실(CEESTEM)에서는 색깔이 있는 음식 포스터들을 환경으로 구성해 놓고 있다. '빨간 색을 먹어요(사과, 딸기 등)의 포스터, 주홍색을 먹어요(오렌지, 캔타로프 등)의 포스터, 초록색을 먹어요(시금치, 상추 등) 등과 같은 색깔 과일과 채소의 이름을 알고 친근하게 하는 활동을 소개한다. 따라서 구성주의 과학은 음식과 건강을 융합하여 건강한 음식을 먹는 즐거움과 운동하는 것으로 융합하는데, 이를 위해 노력하는 부처가 미국 농무성이다.

(2) 인터넷

교육개혁을 돕는 또 다른 노력은 개인 회사나 유아 웹사이트의 운영에서도 찾아볼 수 있다. www.nourishinteractive.com에서는 어린이의 건강한 음식 먹기와 운동하기를 통해 소아당뇨 예방을 장려하는데, 이것은 개인의 건강과 국가적 차원에서 장려되는 활동임을 강조한다. 이 사이트에서는 음식을 먹으며 음식군을 이해하고 건강하기 위한 습관을 길러 주는 정부의 정책을 지원한다. 웹사이트의 오른쪽에 나타났듯이 '내 접시'를 강조하는 활동을 주로 하며 건강한 음식문화를 소개한다.

따라서 미농무부에서 강조하는 내 접시(2011년 My Plate Day. 3. 8)를 선포·강조한 "음식을 골고루 먹고 운동하는 활동"을 소개한다. 궁극적으로는 어린이 당뇨를 예방하는 정책과 그 맥락을 함께 한다.

| nourishinteractive.com 웹사이트 |

또 다른 인터넷 사이트는 우리에게 익숙한 www.sesameworkshop.org으로서 쌔사미스트리트 캐릭터들의 음식 관련 활동을 소개한다. 많은 비디오를 보면서 어린이는 건강한 음식에 대한 지식을 얻게 된다. 부모 연계 활동에서는 어린이가 좋아

하는 쿠키를 가끔 먹는 음식(Sometimes Food)으로, 과일과 같은 음식은 언제나 먹는 음식(Anytime Food)으로 소개하면서 활동을 소개한다. 음식을 골고루 먹기 활동은 다섯 가지 먹기(Try for Five)라고 소개하며 하루에 먹은 음식을 모두 그려 보거나 적는 활동을 한다. 특히 과일과 채소를 그려 보게 하는 활동은 건강한 음식을 먹도록 하는 습관을 길러 주도록 유도한다.

이렇듯 인터넷에서 음식과 관련된 활동을 과학과 융합하는 연구와 활동에 투자하고 개인의 안녕을 위한 정책을 실천하는 데 대해 우리나라와 같은 EFL 환경에서는 국제 경쟁사회를 리드하는 항목으로서 영어 구사의 능력과 음식과 과학교육을 연계하는 일이 필요하다.

(3) 앱(Appication)

뒤에서 언급되겠으나 본 항에서 말하는 앱이란 어플리케이션(application)의 준말로서 아이폰이나 안드로이드 등과 같은 하드웨어에서 작동되는 상호작용적 소프트웨어를 말한다. 융합과학(STEM)이나 영어교육과 관련된 앱은 그 수에 있어 다양하고 상당한 숫자에 달한다. CTR (Childrens Technology Review: 제13장 참조)의 평가 기준이 가장 믿음직하다고 판단되어 사용된다. *Time*지도 이 기준을 사용하며, Bolognia Ragazzi Digital Award에서도 이 기준에 의거하여 추천작을 선정한다.

인터넷 사이트에서와 마찬가지로 앱도 주제 중심으로 선정될 수 있으며 융합과학 관련 앱도 상당한 숫자에 달한다. 아울러 언어(영어)교육과 연관된 과학 활동의 좋은 앱을 사용할 수 있다. 예를 들면 ABC Food와 같은 앱은 영어와 음식 이름을 소개하는 테크놀로지를 활용한 것으로 CTR의 선정은 물론 부모의 선정에도 탁월한 면모를 보여 주고 있다. 따라서 나이 어린 어린이에게 인기 있는 언어와 융합과학의 앱으로 사용한다. 이 앱을 사용하면 상호작용적 반응이 즉각적이기 때문에 사전에 흥미 유발을 위한 활동(preview lesson)으로 사용하거나 사후에도 활

| ABC Food 앱 |

용할 수 있다. 알파벳을 익히는 것에서 넘어 다양한 음식 이름은 물론 앱에 내재되어 있는 기능을 탐색하여 테크놀로지의 감각을 갖게 할 수 있는 장점이 있다.

생각해 볼 문제

- 스마트 사회(Smart Society)라 할 수 있는 현대사회의 특징에 대해 토의해 보자.
- 영어교육의 필요성에 대해 실제 경험을 생각하며 토의해 보자.
- 다른 나라에 비해 영어교육이 비효과적이 되기 쉬운 우리나라 영어교육 현장의 특징에 대해 토의해 보자.
- 우리나라 영어교육이 융합교육(STEaM)과 연계될 수 있는 방향에 대해 토의해 보자.

제 2 장

유아 영어교육의 균형

본 장에서는 언어교육의 균형에 대해 세 가지로 살핀다. 언어교육의 내용으로는 전통적 접근과 이에 반기를 든 총체적 언어와 파닉스 접근에 대한 것을 살핌으로써 영어교육의 균형이라는 필연성에 대해 살핀다. 영어교육 방법의 균형으로서는 영어교육의 여러 가지 방법이 역사적으로 존재했으나 유아에게 적합한 여러 가지 방법 중 21세기 방법을 균형 있게 다루는 것을 살핀다. 그리고 영어교육의 형태로서 균형은 두 가지 형태인 기본적 의사소통 기술(BICS: Basic Interpersonal Communicative Skill)과 인지학문적 언어 능력(CALP: Cognitive Academic Language Proficiency)의 균형에 대해 살핀다.

1. 언어교육 내용에서 균형

언어교육의 내용은 시대적으로 전통적 접근에서 시작하여 총체적 언어(whole language)와 파닉스(phonics)로, 그리고 균형 잡힌 접근(balanced approach)으로 변화되었다.

1) 전통적 접근

언어교육의 전통적 관점은 행동주의와 성숙주의의 입장이다. 이는 1920~1960년대에 그 배경을 두고 있다. 먼저 행동주의 입장에서는 문어교육이 위계적인 방법으로 연습과 반복을 통해 가장 잘 배운다고 보고 있다. 따라서 전통적 관점에서 문어교육은 쉬운 하위 기능으로부터, 즉 부분에서 전체로 접근(Bottom-up Approach)을 한다. 예컨대, 음가 알기, 음운 인식, 철자의 이름, 단어의 뜻 알기 등과 같은 능력에서 시작하여 낱자, 글자, 문단, 문장, 전체 이야기를 이해하는 교육의 방법을 택한다.

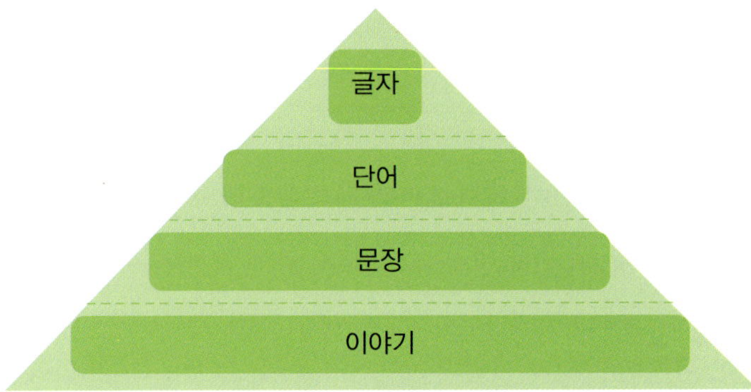

| 부분에서 전체로 접근 |

전통적 접근의 관점은 성인의 입장에서 문식성을 바라보고 있다. 즉, 완벽한 쓰기가 되지 않으면 글을 읽고 쓸 줄 아는 사람으로 간주하지 않는다. 앞 단계를 학습하고 난 후에 다음 단계를 위계적으로 학습해야 한다. 그래서 문식성은 발달 순서도 듣기, 말하기, 읽기, 쓰기 순으로 발달하기 때문에 읽기와 쓰기는 듣기와 말하기가 발달한 후에 가르쳐야 한다는 입장을 취한다. 이렇게 어린이보다는 성인의 관점에서 바라본 언어교육의 방법을 사용한다. 이 입장에서는 어린이에게 흥미 있는 것이나 의미 있는 것은 고려하지 않는다. 주된 교육 방법은 독본 읽기(Basal Reading)이며,

따라 읽기, 같은 방법으로 연습하며 쓰기와 같은 활동이 주를 이룬다.

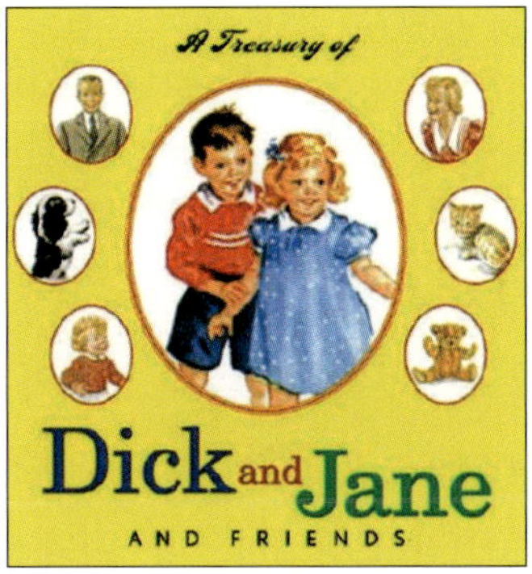

| 읽기 교본으로 사용되는 'Dick and Jane' |

성숙주의 입장에서, 읽기는 준비가 되면 자연스럽게 발달되며, 그 이전의 어떤 교육도 읽기 발달에 결정적 역할을 할 수 없다고 본다. 읽기 역시 성인의 지시를 듣고 이해할 수 있을 정도로 성숙했을 때 시작해야 한다는 것이다. 읽기와 쓰기를 위한 시각적·청각적 변별력, 눈과 손의 협응력, 소근육의 발달 등이 충분히 성숙되었을 때 언어교육을 시작할 수 있다고 보고 있다.

그러나 위와 같은 전통적 방법으로는 어린이의 읽기 능력이 제대로 발달되지 못한다는 연구와 보고서가 나와 주목을 끌게 되었다. 미국 평가원(National Center for Education Service)이 발표한 읽기 능력 테스트 결과(초등학교 4학년 어린이의 읽기 능력 테스트 결과) 보고서에서 주별 통계를 보면 가장 높게 달성한 주가 워싱턴으로 75%에 달하였고, 가장 낮게 달성한 주가 뉴햄프셔로 27%에 불과하다. 또한 미국 교사의 87%가 '읽기 중심 학습법'을 사용하였는데 그런 교수-학습 방법의 결과에서는 많은 어린이가 문맹자가 된다는 것이다. 이러한 결과는 언어교육의 방법에 대해 재검토하기 시작한 계기를 만들었다.

2) 총체적 언어와 파닉스 접근

앞서 살펴본 전통적 방법인 독본 읽기에 반기를 들고 대두된 것이 총체적 언어와 파닉스 접근이다. 이를 각기 살펴보기로 한다.

(1) 총체적 언어(Whole Language)

1960년대에 들어서면서 인지이론의 영향으로 어린이의 언어 발달에 대한 시각이 변화되기 시작하였다. Miller(1988)는 읽기와 쓰기가 단순한 인지기술적인 것보다 복잡한 사회심리적 언어적 활동이라고 강조하였다. 이와 함께 어린이가 흥미 있는 활동을 즐기는 것처럼 교사도 가르치는 데 즐거움이 있어야 한다고 하며 풀뿌리운동(Grass roots movement)으로 문학을 활용하는 총체적 언어 접근이 소개되기 시작하였다.

총체적 언어는 발생학적 관점, 즉 구성주의의 입장을 취한다. 유아는 문식성에 대한 그들 나름대로의 지식과 경험을 가지고 있으며, 흥미 있는 활동으로 지식을 구성한다고 보았다. 문식성은 어느 날 갑자기 생기는 것이 아니라 주변 환경, 부모(혹은 성인)와 상호작용적 대화, 그림책, 텔레비전, 광고에 노출되면서 연속적·점진적으로 발달하는 것이다(Goodman, 1986). 따라서 듣기, 말하기, 읽기, 쓰기는 형식적 지도 이전에 그 기초가 역동적이고 통합적으로 일어나기 때문에 언어 지도 역시 통합적으로 이루어져야 한다는 입장이다.

총체적 언어는 문식성의 발달을 어린이의 입장에서 본다. 형식적 교육 이전에 발생하는 가족과의 대화, 그림책 등을 통해 구어와 문어적 경험을 하면서 나름대로 지식을 구성한다. 읽기는 단순히 본문의 해독을 의미하는 것은 아니며, 어린이 자신이 경험과 지식에 기초하여 맥락적 의미를 구성해 나가는 것에 가치를 둔다. 쓰기에서도 글자를 베끼기보다는 창안적 글자로 자신의 의미를 전달하는 것과 창안적 쓰기(짓기)에 의의를 둔다. 총체적 언어에서는 이러한 문식성의 행위를 하나의 사회적 의미로 보기 때문에 실제 생활 속에서 타인과의 상호작용이 중요하다. 그리고 유아에게는 재미없는 철자 쓰기, 반복 훈련에서 벗어나 흥미 있고 의미 있는 구성적 활동이 가치 있다.

총체적 언어 접근 중 가장 대표적인 것은 '핵심 문학(core-literature)'을 사용하는 것이다. 즉, 좋은 그림책을 활용하여 이야기를 전체적 맥락에서 이해하도록 한다. 전체 이야기, 구, 단어, 글자, 음소 순으로 언어를 접근하는 것이 전체에서 부분으로(Top-down Approach)의 접근이다. 따라서 총체적 언어에서는 어린이가 앞·중간·뒷이야기 짓기, 내 사전 만들기, 광고 만들기, 작가에게 편지 쓰기 등 작가가 되는 전략을 사용하는 동안 단어의 의미를 알게 되고 글자와 소리와의 관계도 인식하게 된다. 총체적 언어의 전략은 다양하며 이는 모엔(Moen)의 저서 *Teaching with Caldecott Books*(1994)에 잘 나타나 있다.

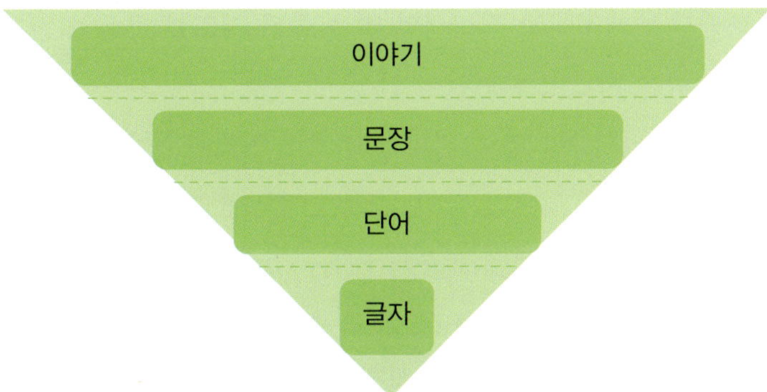

| 전체에서 부분으로 접근 |

그러나 읽기 능력과 총체적 언어교육 방법과의 관계에 대한 연구(Adams & Bruck, 1995)에 의하면 여전히 글을 잘 못 읽는 어린이가 있으며, 이들은 오히려 맥락적 단서를 더 많이 사용하는 것으로 나타났다. 결국 자연스러운 환경에서 다양한 경험을 통해 유아 스스로 더 잘 깨닫고 읽기와 쓰기를 더 잘할 수 있다고 주장한 총체적 언어교육 방법이 "모든 유아에게 적합한 것인가?"라는 의문이 제기되었다(Brooks & Brooks, 1993; Kucer, 1998). 이러한 결과는 총체적 관점에도 새로운 시각에 대한 요구를 불러오게 하였다. 즉, 최근에는 좋은 그림책을 사용하면서 음소에 대한 활동도 첨가하는 경향을 보인다.

(2) 파닉스(Phonics)

독본 읽기에 대한 또 다른 반대 입장은 *Learning to Read: The Great Debates* 라는 저서(Chall, 1967)로 파닉스의 의미와 교육적 방안을 중심으로 소개된 파닉스 접근이다. 독본 읽기에 대한 대안으로서 총체적 언어가 산불처럼 번져간 것에 비하면, 독본 읽기로 오인되는 파닉스 접근은 아주 천천히 수용되었다. 쉘(Chall, 1967)은 읽기를 효과적으로 하기 위해서는 파닉스 접근을 해야 한다는 이론을 펼쳐 나갔다. 파닉스란 '글자와 소리와의 관계를 파악하는 것' 으로 읽기를 쉽게 한다는 것을 학교를 방문하며 설득하고, 전문가를 만나고, 읽기 프로그램을 연구 · 분석하였다. 그 결과 초등학교까지 체계적이고 직접적인 발음 중심 지도를 받은 어린이가 의미 중심 읽기에서 지도받은 어린이보다 단어 인식, 맞춤법, 어휘, 내용 이해 등에서 우위에 있는 것으로 나타났다. 이 연구 결과는 총체적 언어를 주장하는 학자들에 의해 크게 저항을 받게 되었다. 이런 양극의 논쟁 중에도 총체적 언어의 인기는 지속되었고, 어린이의 읽기 능력에 대한 연구도 지속되었다. 그러나 두 프로그램 모두에서 어린이의 읽기 능력에는 크게 차이가 없는 것으로 밝혀졌다. 총체적 언어에서는 창안적 글자, 창의적 표현 등에 높은 가치를 두었기 때문에 어린이의 철자 이해, 단어 이해와 같은 것에는 중요성을 부여하지 않았다. 따라서 철자를 모르지만 창의적 생각이 뛰어나면 높은 점수를 받아 3학년이 되어도 올바르게 읽지 못하는 경향으로 나타났다.

미국 정부는 학생들의 문맹률을 낮추기 위해 언어교육에 대한 정책을 마련하게 되었다. 마침내, 1990년에 미국 국회는 아담스(Adams)에게 '읽기에 대한 연구' 를 의뢰했다. 그녀는 읽기 지도에 관련된 연구를 종합·분석하며, 읽기 과정에서 일어나는 심리언어학적 과정을 밝혀 나갔다. 그 결과들은 종합되어 'Beginning to Read: Thinking and Learning about Print' (1990)라는 보고서를 낳게 했다. 이 연구는 어린이가 글자의 기능을 어떻게 이해하는지, 자/모음을 결합하는 데 음운 인식이 어떤 역할을 하는지에 대한 자료를 제공하였다. 그리고 초기 읽기에서는 발음 중심 지도법이 더 효과적이지만, 총체적 언어 접근에서처럼 어린이는 읽기 경험을 많이 해야 하고, 동기와 흥미에 의거한 의미 있는 읽기 자료에 많이 노출되어야 한다고 결론을 내렸다.

아담스의 연구 결과는 결국 쉘의 관점을 지지하는 것이어서 음소문자인 영어는 발음 중심의 지도가 더 효과적이라는 것을 증명하게 된 것이다. 이에 기초하여 교육국과 학자들은 총체적 언어와 파닉스를 균형 있게 실시하자는, 소위 균형 잡힌 접근을 소개하기 시작했다.

파닉스에 대한 연구는 지속적으로 이루어지고 유아기에 흥미 있게 배울 수 있는 많은 활동이 소개되었다. 초기의 연습지와 같았던 파닉스 활동은 어린이의 발달적 특징을 고려하고 미디어의 기술에 힘입어 엔터테인먼트 위주의 파닉스 프로그램으로 발전되었다. 예컨대, PBS 프로그램에 인기 있는 것으로 www. betweenthelions.com 은 세계적으로 소개되고 있는 프로그램이 되었다. 최근에는 유아 단계, 초등 단계에서 배워야 할 사이트워드(sight words) 목록까지 소개되고 있으며, 어린이 앱으로도 소개되고 있다.

3) 균형 잡힌 접근(Balanced Approach)

총체적 언어 접근을 하던 캘리포니아 주나 텍사스 주에서도 교육국을 중심으로 어린이의 읽기 능력을 위한 자체 평가를 실시하였다. 그 결과, 학생의 읽기 능력은 오히려 저하된 것이 밝혀졌다. 이런 사실에도 불구하고 교사는 총체적 접근에서 벗어나려 하지 않았고, 결국 이 두 주를 중심으로 균형 잡힌 언어 접근을 위한 교재를 선택·사용할 것을 실행법으로 공포하게 되었다. 이 실행법은 초등학교에서 이 교재를 선택하는 경우, 학교를 재정적으로 지원하기 때문에 학교 경영과 직결된다. 따라서 대부분의 학교에서는 언어교육을 위해 균형 잡힌 접근으로 교재를 선택하게 되었다.

균형 잡힌 접근에서 사용되는 문학은 총체적 언어에서처럼 칼데콧 수상 도서와 같은 좋은 그림책을 사용한다. 그리고 그림책의 맥락 안에서 파닉스 활동과 연계를 한다. 그림책을 사용하는 이유는 그림책의 뛰어난 삽화가 이야기를 전달하고 의미를 창조하도록 도와주기 때문이다. 특히 외국어로서 영어를 습득하려는 어린이에게는 그림책을 가지고 전체적 맥락에서 의미를 파악하도록 하는 데 큰 도움이 될 수 있다. 예를 들어, 반복적 문장이 있고 예측이 가능한 좋은 그림책, *Have You Seen My Duckling?*이나 *Brown Bear, Brown Bear, What Do You See?*와 같은 것은 외국어로서 영어를 습득하는 데 좋은 자료가 된다.

그림책을 읽고 자기 이름의 첫소리와 같은 단어를 찾아보는 것, 재미있게 생긴 글자(알파벳)를 찾아보는 것, 소리를 내보는 것과 같은 파닉스 활동은 영어교육에 있어 균형 잡힌 접근을 쉽게 할 수 있도록 한다. 거듭 강조하지만, 균형 잡힌 접근이란 총체적 언어(그림책을 통한 의미 파악)와 파닉스(글자와 소리와의 관계 파악)를 균형 있게 다루는 것이다. 이와 같은 배경을 바탕으로 총체적 언어에서 벗어난 균형 잡힌 접근은 1980년대에 이르러 받아들여지게 되었다. 균형 잡힌 접근을 그림으로 표시하면 다음과 같다.

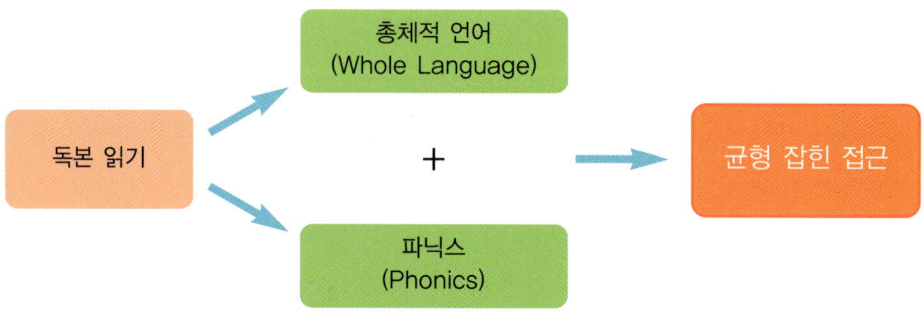

균형 잡힌 언어교육은 지속적으로 강조되고 있으나 최근에는 좀 더 구성적 접근에 무게를 두고 있다. 즉, 어린이에게 핵심문학을 강조하는 것은 구성주의의 입장을 취

하는 총체적 언어의 입장으로서 강조되지만 음소 활동도 흥미 있는 측면을 강조하고 있다.

2. 영어 교수법에서 균형

학자에 따라 영어 교수법은 조금씩 다르게 소개되고 있으나, 공통적인 것은 교수법에 나타나는 역사성이다. 라센 프리먼(Larsen-Freeman, 2000)은 대표적 교수법을 다음과 같은 용어로 소개하고 있다. 즉, 문법 번역식 방법(The Grammar-Translation Method), 직접교육법(The Direct Method), 청화식 방법(The Audio-Lingual Method), 침묵법(The Silent Way), 암시해석법(Desuggestopedia), 공동체 언어 교수법(Community Language Learning), 전신반응(Total Physical Response), 의사소통 교수법(Communicative Language Teaching), 컨텐츠 기반, 과업 중심 기반과 참여 접근(Content-based, Task-based, and Participatory Approaches), 그리고 학습 전략 훈련, 협동학습과 다중지능(Learning Strategy Training, Cooperative Learning, and Multiple Intelligences)이 바로 그것이다. 브라운(Brown, 2001)은 독특하게 교수법을 역사성과 언어교육에의 원리에 따라 구분하여 소개하고 있으나 본서에서는 다루지 않기로 한다.

본서에서는 대표적 영어 교수법을 의사소통적 방법과 전통적 방법으로 나누어 소개한다.

〈표 2-1〉 영어 교수법에 나타난 영어교육의 역사성

시기	내용
20세기 첫 40년간	• 전통적인 교수법 외에 거의 진척 없음.
1950년대	• 제2언어교육에 체계적 접근-언어교육의 본질과 언어 습득에 대한 응용학적 연구 시작. 그러나 실제로 교실에서 어떻게 상호작용적으로 교수할지 확신이 없었음.
1970년대	• 제2언어 습득에 대한 이론이 어느 정도 정립됨. • 과학교육에 관심이 생김.
1980년대	• 의사소통적 언어교육에 대한 연구가 이루어짐. • 대학에 관련 학과 신설됨. • 전문저널의 출현으로 제2언어에 대한 발전이 가속화되고 빠르게 성장함.
1990년대	• 외국어 교수법에 관한 정보가 상당히 많아져 복잡한 지경에 도달함.
2000년대	• 지구촌의 시대적 요구와 학습자 요구에 맞는 교수법이 연구와 함께 소개됨. • 전통적 방법의 대안으로서 현대 언어교육의 중요한 특징인 접근법으로 '절충적 전략' 등과 같은 용어가 등장함. • 이중 언어교육에서는 한 가지 방법보다 절충하는 양상이 나타남. 특히 어린이의 발달적 특징, 언어의 결정적 시기, 언어 습득 이론 등을 고려하여 균형 있는 절충적 방법을 적용해야 한다는 데 긍정적 반응이 일어남.
2010년대	• 세계적으로 일어나는 과학교육의 강조(STEM)로 구성주의 면모의 교육 내용 강조됨. • 디지털 미디어의 발전으로 온라인과 앱을 활용한 다양한 영어교육 프로그램으로 발전됨. • 미국 교육정책(CCSS: Commin Core State Standards)의 변화와 차별화된 테스트(Smarter Balanced Test)의 영향으로 실용적 언어교육이 다른 영역과 통합적 접근 강조됨.

많은 영어교수법을 언어 습득의 방법에 따라 구분하면 크게 두 가지로 나누어진다. 하나는 놀이터 영어와 같이 아주 자연스러운 환경에서 친구들과 놀면서 의사소통하는 가운데 언어를 습득하는 자연적 방법이다. 또 다른 하나는 어린이에게 제도적으로 언어를 습득하게 하는 환경을 만들어 주어 체계적으로 학습하게 하는 의도적 환경의 양상이다. 이런 의도적 환경은 다시 크게 전통적 교수 방법과 의사소통적 교수 방법으로 나누어진다. 이를 표로 나타내면 다음과 같은데 문법 번역식, 직접

교수법, 청화식 교수 방법이 전통적 교수 방법에 속하며 20세기 방법으로 인지되고 있다. 반면, 의사소통 중심 교수법, 과업 중심 교수법, 전신반응 교수법, 컨텐츠 기반 교수법, 데일리 루틴 교수법은 의사소통적 교수 방법에 속하며 21세기 방법으로 인지되고 있다.

〈표 2-2〉 20세기와 21세기의 영어교수법

20세기 방법(전통적 교수 방법)	21세기 방법(의사소통적 교수 방법)
• 문법 번역식 교수법 • 직접 교수법 • 청화식 교수법	• 의사소통 중심 교수법 • 과업 중심 교수법 • 전신반응 교수법 • 컨텐츠 기반 교수법 • 데일리 루틴 교수법

이와 같은 교수법에서 유아 단계에 적합한 영어교육 방법은 전신반응 교수법, 컨텐츠 기반 교수법 그리고 데일리 루틴을 균형 있게 적용하는 것이다(Brinton, Snow, & Wesche, 1989).

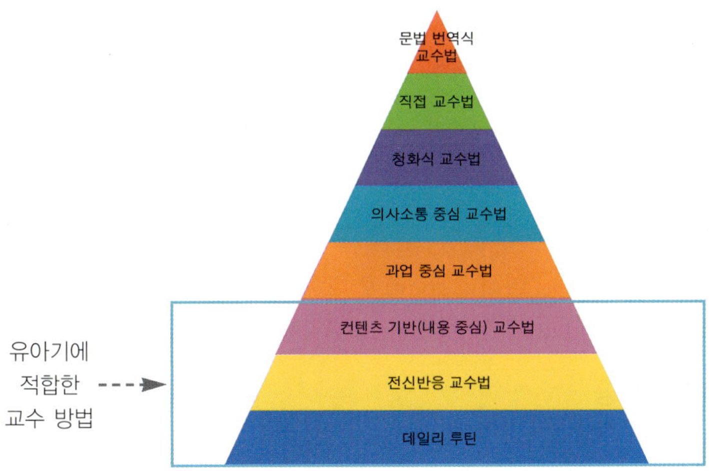

| 유아기에 적합한 교수법의 균형 |

그 이유는 유아 단계에서는 어린이의 발달적 특징, 언어의 결정적 시기, 언어 습득이론 등을 고려하여 여러 가지 교수법을 균형 있게 적용해야 한다는 데 대해 긍정적인 동의가 있기 때문이다. 이는 언어교육에서 문학과 파닉스를 균형 있게 다루는 것처럼, 영어교수법에서도 컨텐츠 기반 교수법, 전신반응 교수법, 데일리 루틴과 같은 방법을 균형 있게 다루는 것이다. 이러한 균형적 접근은 21세기 중반에도 지속될 전망이다. 지식기술 기반 사회에서도 의사소통 중심의 상호작용적 교수 방법은 우리나라에 적합한 교수 방법으로 여러 영역에서도 적용될 전망이다. 이는 2014년부터 실시될 CCSS(Common Cere State Standards, 2014)에 나타나고 있다(부록 참조).

3. 언어 형태에서 균형(BICS와 CALP)

20세기 직전까지 고전적 교수법으로 어린이나 성인 모두가 문법 번역식으로 언어를 학습했다. 문장을 번역하고 이해하는 방법으로는 의사소통을 할 수 없다는 결론에 이르게 되어, 청화식 교수법을 사용하게 되었으나 큰 호응은 없었다. 실제 대화를 '따라 하는(Repeat after me!)' 방법– 청화식 방법은 실제 상황에서 일어나지 않는 것을 암기하는 것이므로 암기하는 것에는 효과가 있는 것처럼 보였으나 실용적인 측면에서는 별로 효과를 보지 못했다. 이에 커민스(Cummins, 1981)가 언급하고 실시한 영어교육 형태가 주목을 받기 시작했다. 그는 영어교육의 형태를 두 가지로 나누었는데 생활영어인 기본적 대인의사소통 기술(BICS: Basic Interpersonal Communicative Skill)과 인지학문적 영어인 인지학문적 언어 능숙(CALP: Cognitive Academic Language Proficiency)에 대해 언급했다.

1) 두 형태 균형의 성공

생활영어와 인지학문적 영어에 기반을 두고 실시한 프로그램은 이중언어교육을 하는 곳에서 효과적으로 성공하였고 지금도 영어교육에서는 두 가지 형태를 강조한다. 이는 캐나다의 불어/영어 몰입(French/English Immersion) 프로그램을 연구한 커민스(Cummins, 1981)에 의해 밝혀진 것이다.

미국과 같은 경우, 이민정책으로 인해 이중언어 교육 프로그램이 필요하게 되었기 때문에 급격한 속도로 개발된 이중언어 프로그램은 300여 종에 이르렀고 다양한 교육 전략도 소개되었다. 그중 이중언어 프로그램의 효과를 11년간 장기 연구한 꼴리에(Collier, 1987)의 연구는 45,000명의 영어 읽기 능력을 1학년부터 시작해서 11학년이 되기까지 추적·연구하였다. 연구 결과에서 밝혀진 것은, 프로그램의 성공은 컨텐츠와 언어의 통합, 또래 간 상호작용, 이해 가능한 정보의 제공, 구조화된 활동의 교수 전략으로 나타났지만 언어 형태의 활용에 관한 것이었다. 이와 같은 연구는 손과 메릴(Sohn & Merrill, 1994)의 연구에서도 지지되어 제2언어로서 영어교육의 성공적인 프로그램은 컨텐츠 기반이며, 그 성공 요인은 생활영어(BICS)와 인지학문적 영어(CALP)를 다루는 것으로 나타났다.

또 한 가지 강조되는 것은 모국어와 목표언어를 각기 구분하여 사용하는 것이다. 즉, 모국어(예: 한국어)와 목표언어(예: 영어)를 섞지 않고 따로 따로 분리해서 교수하는 것이다. 목표언어를 가르치려 할 때 영어로 말해 준 후 모국어로 뜻을 말해 주면 모국어가 쉽기 때문에 영어는 듣지 않고 모국어만 듣게 되어 영어는 배우지 못하게 된다. 따라서 대개 하루 전에 모국어로 간단히 무엇을 할지 요약하고 목표언어만을 사용하는 것이 효과적인 것이다.

2) 두 형태 균형의 방법

커민스(Cummins, 1981)에 의하면, 영어교육의 내용은 생활영어와 인지학문적 영어의 두 언어 형태를 균형 있게 다루어 주어야 한다.

기본적 의사소통 기술, 즉 생활영어는 기본

적 대인관계 속에서 의사소통을 할 수 있는 기술을 의미한다. 이 영어 능력은 영어를 구사하는 사회에서는 놀이터에서 습득되는 표현들이라고 해서 놀이터 영어라고도 말한다. 이는 제2언어인 경우, '6개월에서 2년의 세월'(Collier, 1987)이 소요된다. 반면, 인지학문적 언어 능숙이란 학문적인 영어 능력을 의미한다. 이 영어 능력은 학문을 하고 토의하는 데 필요한 학구적 영어로서, 제2언어로 학습하는 경우에는 적어도 '5년의 세월'(Collier, 1987)이 필요하다.

〈표 2-3〉 BICS와 CALP의 비교

BICS (Basic Interpersonal Communication Skills)	CALP (Cognitive Academic Language Proficiency)
• 기본적인 대인의사소통 기술 • 생활영어 • 놀이터 영어 • 습득 기간: 6개월~2년 	• 인지학문적 언어 능숙 • 학문적 영어 • 학문을 토론/논의 • 습득 기간: 적어도 5년 

컨텐츠 기반 프로그램에서는 국가 교육과정에 기초하여 모국어와 목표어 모두를 습득하게 한다. 특히 모국어에 대한 자긍심을 갖도록 강조하는 것이 특징적이다. 이것은 캠블(Campbell, 1994)이 언급했듯이 21세기 영어교육은 '언어의 해적 행위'(모국어는 잊어버리게 하고 영어를 빠른 시기에 습득하여 미국 주류 사회에 적응하게 하는 행위)가 아닌, 모국어를 보유하게 하자는 주장이다. 이와 같은 입장은 글로벌 빌리지에서 다문화를 이해하고 더불어 사는 현 사회의 요구와 소수 문화를 보존하려는 노력과도 맞아떨어진다. 따라서 생활영어뿐만 아니라 다문화 이해의 이중언어

교육은 당연한 것이다.

결국 위에서 언급했듯이 21세기 영어교육의 방향은 언어교육에서의 균형과 교수법에서의 균형 그리고 언어 형태에서의 균형이 요구된다. 생활영어는 물론 학문적 영어 구사 능력은 21세기 지구촌에서 개인으로서나 글로벌 빌리지 혹은 세계인으로서 반드시 필요한 도구로 더욱 요구될 것이다.

본서에서는 다음과 같은 방향으로 21세기 영어교육을 살펴 나간다.

첫째, 언어교육에서의 균형이 총체적 언어와 파닉스를 함께 사용하는 방법으로 나타나도록 하지만 좀 더 구성적 측면을 강조한다.

둘째, 영어 교수법에서의 균형은 유아에게 적합한 전신반응 교수법, 컨텐츠 기반, 그리고 데일리 루틴 교수법을 균형 있게 활용하여 유아교육의 방향으로 융합적 접근을 하도록 한다.

셋째, 언어 형태에서의 균형을 위해 생활영어(BICS)와 인지학문적 능력(CALP)이 모두 길러지도록 프로그램의 균형을 이루도록 한다.

생각해 볼 문제

- 21세기 유아기 영어교육의 방향에 대해 토의해 보자.
- 우리나라의 경우 BICS와 CALP의 내용을 모두 다루어 주는 프로그램은 어떤 것이 있는지 찾아보고, 그 내용에 대해 토의해 보자.

제II부에서는 영어교육의 환경과 이에 적절한 영어교육 자료에 대해 살핀다.

영어교육의 환경으로는 크게 EO 환경, EFL 환경, 그리고 ESL 환경이 있다. 각 환경에 따라 개발되는 영어교육의 자료가 어떤 특징이 있는지도 살핀다.

제 Ⅱ 부

영어교육의 환경과 교육 자료

제3장 영어교육 환경에 따른 교육 자료의 특징

제 3 장

영어교육 환경에 따른 교육 자료의 특징

본 장에서는 영어교육의 환경에는 어떤 것이 있는지 그리고 그 환경에 따라 적절한 자료는 무엇인지 살펴보기로 한다.

1. 영어교육의 세 가지 환경

영어교육에는 세 가지 환경이 있다. 영어만을 사용하는 모국어(EO: English only)로서 영어교육 환경, 제2언어(ESL: English as a Second Language)인 영어교육 환경, 그리고 영어가 외국어(EFL: English as a Foreign Language)로서 다루어지는 영어교육 환경이 있다.

영어교육을 위해서는 영어교육의 환경이 고려되어야 하는데 그 이유는 각 환경에 처해 있는 어린이가 사용하는 언어(모국어 또는 영어)와 일상생활에서 영어를 활용하는 비율(%)이 다르기 때문이다. 따라서 이 세 환경에서 사용하는 영어교육의 교재도 달라야 한다는 것인데 이는 다음 항에서 설명된다.

EO란 'English Only'라는 의미로서 미국, 영국, 호주 등과 같은 나라에서 영어만을 사용하여 교육을 하는 경우이다. 모국어로 영어를 사용하는 인구는 약 2억

7000여만 명으로 중국어를 모국어로 사용하는 5억 6000여만 명보다 적지만, 사회적, 경제적, 문화적 영향력과 파급효과 등에 힘입어 영어가 국제어로서 상위를 차지하고 있다.

반면, ESL은 'English as a Second Language'의 약자로서 영어를 제2언어로 습득하고 학습하게 되는 환경을 말한다. 제2언어로서의 영어는 필리핀, 인도 등에서와 같이 모국어와 함께 영어를 주로 국가에서 공식적으로 사용하고 있는 경우를 말한다. ESL 환경은 두 가지 이상의 언어가 일상생활 속에서 함께 사용되는 환경이라고 할 수 있다. 예컨대, 미국에 있는 우리나라 교포가 영어를 한국어와 함께 학습하거나 사용하는 상황이 이에 해당한다. 즉, 한국인 교포의 경우는 ESL 환경에서 살고 있어, 가정에서는 한국어를 사용하고 학교에서는 영어를 학습하며, 사회에서도 영어를 사용하는 이중문화에서의 영어 사용이라고 말할 수 있다. 많은 이주민을 위해 미국 정부에서는 ESL 학급을 위해 교육정책과 개인 지도 등을 실시해 왔으나 최근에는 국제 언어로서 영어 습득의 기회가 많아져 과거처럼 ESL 학급을 운영하는 곳은 매우 드물다.

ESL 환경에서는 제2언어로서 영어를 일상용어로 혹은 의사소통의 도구로 사용해야 하므로 제2언어에 대해 보통 긍정적인 자세를 취한다. 영어를 사용하는 시간도 가정에서 모국어를 사용하는 시간을 제외한 시간은 모두 영어를 사용하므로 10시간 이상 영어를 사용하는 환경에 노출된다.

EFL은 'English as a Foreign Language'의 약자로 영어를 외국어로서 습득하고 학습하는 환경을 말한다. 외국어로서의 영어라는 것은 ESL 환경과는 대조적으로 가정에서 한국어를 사용하고, 학교에서 영어를 학습하지만, 실제 사회에서는 영어를 사용하지 않는 환경을 말한다. 즉, 한국, 중국, 일본이 대표적인 국가이며 영어를 일상생활에서 사용하는 비중은 아주 미미한 편이다. EFL 환경에서는 영어 사용의 기회가 좀처럼 없어 영어에 대한 생각은 긍정적이지 않다.

그러나 21세기의 더불어 사는 지구촌에서 의사소통은 필연적이어서 영어를 구사하는 능력은 개인의 발전이나 국가 경쟁력을 위해서 필수적이 되어 가고 있다. 영어가 인터넷에서 공용어로 사용된 지는 오래전이다. 국가 간 회의에서도 공용어는 영어이다. 무역경제에서도 영어는 활발하게 사용되고 있어 이중언어 구사는 개인은 물론 국가 발전을 위해서서도 필수적이다.

2. 영어교육 환경에 따른 교재의 특징

미국의 경우, EO 교재는 미국 출판사에 의거해서 개발된다. 상당한 숫자의 출판사는 교육국에 의거한 공통 기준(Common Core State Standards)에 의거하여 개발된다. 출판사는 하나의 교육 사업체이지만 연구와 집필진은 석·박사, 경력 있는 교사로 구성되어 있다. 따라서 저명한 학자와 경험 있는 교사 및 부모의 참여(의견수렴)로 이루어지고 수년에 걸친 연구의 결과로 이루어지기 때문에 오히려 학교가 교재를 선택하고 사용한다. 따라서 각 학교의 주임교사와 일반교사는 교육국이 추천한 출판사의 교재를 선택한다. 반면, 출판사는 책임 있는 교사 교육으로 다음 학년을 준비하는 것에 많은 시간을 투자한다.

수백 개(종류)의 EO 교육 자료는 K-중고등학교 수준까지 나선형 교육과정으로 출판된다. 각 출판사에서 국가 및 주의 기준에 따라 교재를 개발하는 근거는 2012년부터 언어를 통한 통합과 수학 부분이 특히 전통적 입장에서 벗어나도록 영향을 주고 있다. 즉, 기존의 더하기 빼기의 정답보다는 문제를 풀어 가는 과정과 이를 서술하는 양상으로 변화되고 있다. 언어의 경우, 대표적인 것으로는 Treasures 모듈이 있다.

| Treasures 모듈 |

EO 환경에서 사용하는 교재는 ESL이나 EFL 교재보다 상당히 어려운 수준에 있다. EO 교재는 영어를 모국어로 구사하는 어린이를 위한 것이다. 즉, 100% 영어를 사용하는 어린이를 위한 교재이다. 미국의 경우 Harcourt Brace, MacMillan, Addison Wesley 등 200여 출판사에서 출판된다. EO 환경의 자료는 연령에 따라 어린이가 자연스럽게 배우는 문학 중심 혹은 주제 중심으로 교과과정 속에서 사용될 수 있도록 구성되어 있다. 영어가 모국어인 학생이 사용하는 자료이므로 자연히 높은 수준의 영어를 사용하고 미국 문화를 배경으로 전개된다.

반면, ESL 자료는 그리 많지 않다. 이민자들 혹은 그와 흡사한 환경에서 사용 가능한 ESL 환경의 자료는 영어권에 살면서 어린이의 모국어와 함께 영어를 제2언어로 사용하는 학습자를 위하여 개발된 것이다. 이는 제2언어로서 학습자를 위한 계획이 포함되어 있지만, 여전히 일상생활에서 영어를 사용할 수 있는 환경에 있음을 전제로 하고 있다. 미국과 영국 등 영어가 모국어인 나라의 문화를 주로 다루고 있다. 가끔 EFL 환경의 어린이에게 사용되지만, 교재의 기준이 미국이어서 수준이 어렵고 문화적으로 익숙하지 않은 자료도 포함되어 있다.

ESL 교재의 종류 역시 모국어를 영어로 사용하는 교재의 숫자에 비교하면 상대적으로 적은 수에 해당한다. 출판사로는 Rigbby, Scott Foresman, Addison-Wesey 등이 있으며, 이 중 Scott Foresman 교재는 컨텐츠 기반의 대표적인 프로그램이다. 현재는 인터넷이나 이민정책이 완화되어 ESL 자료를 따로 개발하는 곳은 거의 찾아볼 수 없다. 기존의 ESL 교재는 EFL 환경에서 사용되지만 EFL 환경에서 생활하는 어린이에게 어려운 수준의 내용과 문화가 포함되어 있다.

Scott Foresman 프로그램은 총 8단계로 구성되어 있어 K~5학년의 나선형으로 개발되어 있다. 컨텐츠는 주제 중심으로 미국의 문화, 동화, 동시, 과학, 수학, 미술 등을 연계해서 구성되어 있다. 미국의 교재가 모두 그렇듯이 전문가와 교육자로 구성된 연구진이 집필한 것이 특징이다. 이 교재 역시 이중언어학자 및 전문가로 구성되어 있는 바, Chamot, Cummins, Kessler, O'Malley, Fillmore로서 권위 있는 집필진들의 연구에 기반하여 전문성이 표출되어 있다. 각 단계는 학생용 책자(Student Book), 활동 책자(Activity Book), 교사용 지침서(Teacher's Resource Book) 등으로 구성되어 있다. 각 단계의 프로그램은 6개의 큰 단원을 주제로 하지만, 각 단원에 두 개의 장(chapter)으로 전개되기 때문에 총 12장으로 구성되어 있다. 구성적 활동을 할 수 있는 개별 활동의 활동 책자는 10가지의 주제를 포함하고 있다. 이 프로그램은 오래전에 개발되었지만 잘 구성된 것이어서 참조해 볼 만한 모듈이기는 하다.

| Scott Foresman 교재 |

또한 인지학문적 언어 학습 접근(CALLA: the Cognitive Academic Language Learning Approach)으로 언어 능력에서 언어적 학문 습득을 강조하고, 비판적 사고 기술을 돕는 개별 활동도 강조한다. 지속적인 평가와 시험을 통해 학생들의 수준을 평가하며 더 높은 발전을 할 수 있게 한다.

우리나라와 같은 EFL의 학습자에게 EO나 ESL 교재는 익숙지 않은 문화와 어려운 어휘가 많아 그대로 사용하는 것에는 무리가 있다. 미국 교육과정에서 사용한다고 해서 무작정 사용하는 것은 잠깐 생각해 봐야 할 것이다. 거듭 말하지만 서구 문화의 학교에서 사용을 목적으로 하고 그 나라 기준에 의거하여 개발된 것이므로 EFL 배경을 가진 학습자를 위하여 그대로 사용한다는 것은 부가적 경험이나 선행 경험의 학습이 뒤따라야 한다.

EFL 환경에서 사용하는 교재는 각 나라에 따라 다르다. 그 나라마다의 교육 기준이 있으며 문화가 포함된 것이 특징이다. 우리나라와 같은 경우에는 나이 어린 어린이가 사용할 수 있는 단어 그림책, 저널 양식으로 된 것 등이 있으나 대개의 경우 그림책, 활동 책, 보조 자료(예: 그림 카드 등), 포스터, 인터넷 혹은 CD로 구성되어 있다.

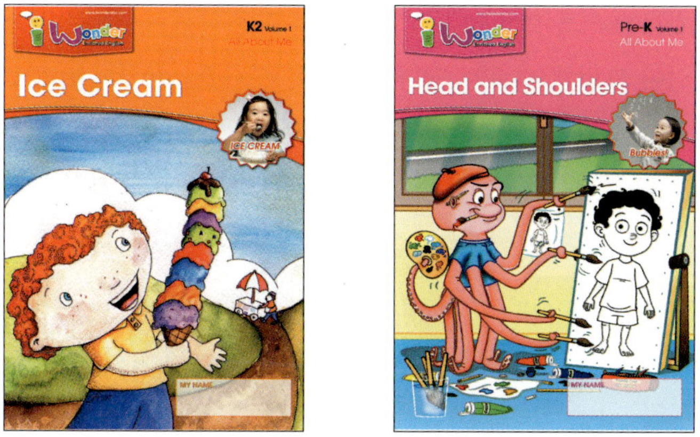

| EFL 교재 – iwonder English의 그림책 |

위에서 설명한 자료의 특징을 간단히 정리하여 표로 나타내면 다음과 같이 표현될 수 있다.

〈표 3-1〉 EO, ESL 자료와 EFL 자료의 비교

EO, ESL 자료	EFL 자료

• 그 나라의 사회와 문화가 배경 • 어린이에게 개념 위주로 교육 • 우리나라 어린이에게 어려울 수 있음	• 영어 수준을 고려하여 내용 구성 • 간단하고 핵심적인 언어/단순화된 언어적 표현 • BICS 내용 포함 • CALP 내용 – 반복적 • 그 나라의 교육과정 내포 • 다른 나라의 문화 존중

위에서 언급한 텍스트 이외에 EO 환경에서 사용되는 자료이지만 EFL 환경에서는 어려운 어린이 그림책 자료가 있다. 예컨대, *Goodnight Moon*과 같은 그림책은 칼데콧 상을 수상한 좋은 그림책이지만 서구의 문화가 담겨 있으며 많은 너서리 라임(Nursery Rhymes)을 이해해야 공감하고 이해할 수 있는 창작동화이다. 예컨대 아래의 그림책에서는 방을 소개하는데 너서리 라임의 문장 하나가 소개된다. 'The cow jumping over the moon' 의 문장과 이 너서리 라임을 나타내는 그림이 사진으로 벽에 걸려 있다. 또한 'And three little bears sitting on chiars' 의 그림이 사진으로 벽에 걸려 있다.

이 두 사진의 전문은 아래와 같은 것이다.

Hey diddle, diddle,
The cat and the fiddle,
The cow jumping over the moon;
The little dog laughed
To see such sport,
And the dish ran away
with the spoon

In the woods stands a house for bears,

Papa Bear, Mama Bear, and Baby live there.

Every morning they sat and they ate

porridge in bowls and porridge on plates.

위에서 살펴보았듯이 EO 환경의 문화적 내용이 포함된 대표적 자료로서 *Goodnight Moon*은 Hey Diddle Diddle 라임과 Three Little Bears의 이야기를 먼저 알고 임해야 깊이 있고 재미있게 들을 수 있는 동화책이다. 따라서 EFL 환경에서 사용할 때는 이 두 자료를 먼저 알려 주는 선행 경험이 있어야 할 것이다.

생각해 볼 문제

- 우리나라와 같은 EFL 환경에서 EO나 ESL 교재를 사용할 때, 학부모와 유아에게 미치는 영향에 대해 토의해 보자.

제Ⅲ부에서는 언어 습득 이론을 살핀다.

이를 크게 나누어 행동주의 이론, 생득주의 이론, 연결주의 이론, 상호작용주의 이론, 그리고 정보처리 이론으로 살핀다.

제 Ⅲ 부

영어교육의 이론

제4장 언어 습득 이론

제 4 장

언어 습득 이론

언어 습득 이론은 행동주의, 생득주의, 상호작용주의를 중심으로 다룬다. 언어 습득 이론에서는 모국어 습득 이론과 외국어 습득 이론을 함께 언급한다.

1. 행동주의 이론(Behaviorism)

1) 모국어 습득 이론

행동주의 이론의 대표적 학자는 스키너(Skinner, 1968)로 알려져 있다. 이 이론은 주로 동물 실험에서 나온 결과를 교육에 적용한 것으로서, 어린이가 언어를 습득하는 데에는 모방, 반복, 성공에 대한 긍정적 강화, 습관 형성이 주요한 영향을 준다고 보고 있다. 이 이론에서 언어는 "내가 말한 것처럼 말해(Say what I say)."라는 관점이 주를 이룬다.

다음의 사례는 라이트바운과 스파다(Lightbown & Spada, 1990)가 모국어 습득 이론에서 예로 든 것을 재인용하여 어린이가 언어를 습득해 나가는 양상을 살펴본 것이다.

사례 1과 2는 행동주의 이론의 특징을 잘 보여 주는 예이며, 사례 3, 4, 5는 행동주의 이론으로 설명하기 힘든 예이다.

사례 1

(Peter is playing with a dump truck while two adults, Patsy and Lois, look on.)

Peter : Get more.

Lois : You're gonna put more wheels in the dump truck?

Peter : Dump truck. Wheels. Dump truck.

......

(later)

Patsy : What happened to it (the truck)?

Peter : (Looking under chair for it) Lose it. Dump truck! Dump truck! Fall! Fall!

Lois : Yes, the dump truck fell down.

Peter : Dump truck fell down. Dump truck.

(두 성인인 팻시와 로이스가 보고 있는 동안, 피터는 덤프트럭을 가지고 놀고 있다.)

피터 : 더 올려요.

로이스 : 덤프트럭에 바퀴를 더 올려놓을래?

피터 : 덤프트럭. 바퀴. 덤프트럭.

......

(잠시 후)

팻시 : (트럭이) 어떻게 됐니?

피터 : (트럭을 의자 밑에서 바라보며) 없어졌어. 덤프트럭. 덤프트럭! 덤프트럭! 넘어졌어. 넘어졌어.

로이스 : 그래. 덤프트럭이 넘어졌어.

피터 : 덤프트럭이 넘어졌어. 덤프트럭.

사례 분석 위의 사례에서 보면, 어린 피터는 성인인 팻시와 로이스 말을 듣고 스스로 "Dump truck, dump truck." 반복하면서 언어를 익힌다. 또 성인이 "The dump truck fell down."이라고 말해 주자 이번에는 단순히 "dump truck"이라고 반복하는 것에서 더 확장하여 "Dump truck fell down."이라고 문장을 반복하기 시작한다. 피터의 경우 회화의 30~40%가 모방으로 구성되어 있다.

사례 2

Peter(25months)

(Peter, Patsy, and Lois are playing with pencil and paper.)

Peter : (indicating he wants Patsy to draw) Lois, Lois too. Patsy. Lois too!

Patsy : You want me to make a car? OK. (Patsy draws a tiny car like Lois's.)

Patsy : Oh, you want Lois to have some paper?

Peter : Lois have some paper?

……

(later)

Patsy : Let's see if I can draw what you draw.
Draw something!

Peter : Draw something!

피터(25개월)

(피터, 팻시, 로이스는 연필과 종이를 가지고 놀고 있다.)

피터 : (팻시가 그림을 그렸으면 좋겠다고 하며) 로이스, 로이스도. 팻시, 로이스도.

팻시 : 내가 자동차를 그려 줄까? 알았어. (팻시는 로이스처럼 작은 자동차를 그린다.)
아, 로이스에게 종이를 줬으면 좋겠다고?

피터 : 로이스에게 종이를 줄까?

……

(잠시 후)

팻시 : 어디 보자, 네가 그린 걸 내가 그릴 수 있나. 어떤 거든 그려 봐.

피터 : 어떤 거든 그려.

사례 분석 위의 사례에서 보면, 피터는 연필과 종이를 가지고 놀며 팻시에게 작은 자동차를 그려 주기 원한다. 팻시는 피터에게 종이에 그림을 그려 달라는 것인지 묻는다. 피터는 팻시가 말한 것을 반복하며 "Draw something."을 모방한다. 그러나 피터는 들은 것을 모두 모방하지는 않으며 선택적이고 현재 자기가 배우려는 것만을 모방한다.

이와는 달리 모방이나 반복으로 설명될 수 없는 사례도 있다.

사례 3

Kyo(6 years, 10 months)

Kyo : I' m hungry.

Dad : We' ll have some poppy seed bread in a little while.

Kyo : No, I want it now.

Dad : We have to wait 'til it' s defrosted.

Kyo : But I like it frosted.

쿄(6세 10개월)

쿄 : 배고파요.

아빠 : 좀 있다가 양귀비씨가 있는 빵을 먹을 거야.

쿄 : 싫어요. 지금 먹을래요.

아빠 : 빵이 녹을 때(defrosted)까지 기다려야 해.

쿄 : 난, 얼은(frosted) 빵이 좋아요.

사례 분석 위의 사례에서 보면, 6세 10개월 된 쿄는 배가 고프다고 말한다. 아버지는 조금 기다렸다가 양귀비씨가 들어 있는 빵을 먹자고 말한다. 그러나 쿄는 지금 당장 먹겠다고 한다. 이에 아버지는 빵이 녹을 때까지 기다려야 한다고 말해 주었다. 그러나 쿄는 언어의 규칙을 적용해서 앞의 de를 빼면 녹는다는 단어가 된다고 생각해서 영어에는 없는 'frosted' 단어를 만들어 내며 '얼은 빵'을 좋아한다고 말한다. 쿄는 모방을 하지 않았으나 나름대로 'defrosted'의 반대말로 'frosted'를 만들어 낸 것이다. 이것은 어린이가 단어를 과잉 일반화한 예이다.

사례 4

Randall(3 years)

Randall : Why?
So he can doc my little bump?

랜달(3세)

랜달 : 왜요?
그럼 의사가 내 머리의 혹을 치료할 수 있어요?

사례 분석 위의 예에서 보면, 3세 된 랜달은 모방하지 않고 dancer-dance, singer-sing처럼 doctor-doc이라고 동사의 형태를 만들어 표현하며 자기 머리에 생긴 혹을 의사가 치료할 수 있다고 말한다. doc은 영어사전에는 없는 단어이다.

사례 5

Michael(2 years, 10 months)

Michael : Mummy, I'm hiccing up and I can't stop.

미쉘(2세 10개월)

미쉘 : 엄마, 나 딸꾹질해요. 멈출 수가 없어요.

사례 분석 위의 예에서 보면, 2세 10개월 된 미쉘은 두 단어 동사 "stand up" "pick up"과 같이 up을 사용하는 예를 많이 들어 왔기 때문에 "hiccing up"으로 일반화하였다. "hic up"은 '딸꾹질하다'의 표현으로 옳은 것이다.

위의 예(1과 2)와 같이 행동주의자들은 어린이가 어떻게 언어의 일부를 모방하며 배워 가는지에 대한 답을 주고 있다. 그러나 어린이의 복잡한 언어 습득의 과정(예: 3, 4, 5)에 대해 충분히 설명하지는 못한다.

2) 외국어 습득 이론

행동주의에서는 제2언어(외국어) 습득 이론에 대해서 모국어 습득 이론과 똑같이 말하고 있다. 제2언어도 모방, 반복, 강화, 보상 등과 같은 습관 형성을 통해 발달한다고 본다. 스키너(Skinner, 1968)의 이론은 외국어에 대한 이론으로 비교분석가설(CAH: Contrastive Analysis Hypothesis)로 연관되어 전개되었다. 즉, 행동주의에 근거해서 외국어 습득 이론으로 전개된 비교가설 이론은 모국어와 목표언어(외국어)의 유사한 부분을 알려주어 학습자가 목표언어를 쉽게 학습할 수 있도록 한다는 것이다.

외국어 학습에 있어서 나타나는 실수에 대해서는 모국어의 간섭이라는 관점도 있지만, 외국어 습득에서 나타나는 실수가 모두 모국어의 간섭에 의한 것은 아니라고 말하는 관점도 있다.

행동주의에서 제2언어에 대해 전개하는 관점은 다음과 같이 요약된다.

① 학습자의 모국어는 제2언어 습득에 영향을 미친다.

② 비교분석가설(CAH)은 모국어와 목표언어의 유사한 부분을 알려 주어 목표언어를 쉽게 학습하게 한다.

③ 성인은 어린이가 모국어를 학습하는 것과 비슷하게 제2언어의 문장과 구조를 사용할 수 있다.

④ 어떤 단순한 문장은 언어적 배경을 떠나서 비슷하다.

⑤ 모국어 영향은 단순히 습관이 전달되어 발생하는 것은 아니다.

⑥ 모국어의 영향은 좀 더 복잡한 과정을 이해하게 한다.

⑦ 모든 실수가 모국어의 영향을 받아 발생하는 결과는 아니다.

위에서처럼 행동주의에서는 비교가설로 제2언어 습득에 대해 설명하려 하였다. 그러나 행동주의는 모국어 습득 이론에서처럼 제2언어 습득에 대해 설명하는 데는 부족한 측면이 있다. 따라서 생득주의 이론으로 설명하는 측면을 살펴보게 된다.

2. 생득주의 이론(Innatism)

1) 모국어 습득 이론

생득주의 이론의 대표적인 학자는 촘스키(Chomsky, 1965)로 알려져 있다. 그는 환경이 기본적인 공헌을 하지만 생득적인 것이 그 나머지를 다 이행한다고 보았다. 즉, 어린이는 언어 습득 장치(LAD: Language Acquisition Device)를 갖고 태어나기 때문에 들어 보지도 못한 언어의 법칙을 만들어 낼 수 있다고 보았다. 이 이론에서는 "그것(언어의 법칙을 만들어 내는 것)은 어린이의 머릿속(생각)에 있다(It's all in your mind)"라는 관점이 핵심이다. 그러나 청소년기에는 언어 습득 장치가 사라지기 때문에 유아기에 언어를 습득하는 것이 가장 좋다고 보았다.

언어 습득 장치는 후에 보편적 문법(UG: Universal Grammar)이라고 이름 붙여졌다. 이는 모든 언어에 공통적인 원리가 존재하며 어린이는 이를 이해할 수 있는 천부적인 재능을 가지고 태어난다고 보는 것이다. 생득주의 이론을 뒷받침하는 증거들은 다음과 같다.

- 어린이에게 제시되는 언어는 궁극적으로 알아야 하는 모든 정보를 다 제공하고 있지는 않다. 그렇지만 어린이는 언어를 배운다.

- 어린이는 사람이 말하는 문장들 중에서 어떤 것이 '문법적으로 맞고', '문법적으로 그른지'에 대해 일일이 지적해 주지 않아도 언어 습득의 복잡한 과업으로 그것을 완수할 수 있다.
- 모든 어린이는 어떤 복잡한 것을 배우기 이전에, 인생의 어느 시점에 가서는 모국어를 성공적으로 배운다.
- 어린이는 모국어나 방언의 기본 구조를 다양한 상황 속에서 성공적으로 터득한다. 동물은 집중적인 훈련을 받아도 3, 4세 유아만큼 복잡한 상징체계를 조직하는 법을 배울 수 없다.

위와 같은 사실은 생물학적 근거의 결정적 시기 가설로서 생득주의의 이론을 잘 뒷받침해 준다. 따라서 행동주의에서 설명하지 못하는 복잡한 문법적 구조와 언어 습득에 대한 답을 제시해 주고 있는 것이다.

2) 외국어 습득 이론

생득주의에서도 역시 제2언어 습득에 대해서 모국어 습득 이론에 근거를 두고 말한다. 촘스키의 이론으로 제2언어 습득을 강조하는 학자들은 유아기를 영어교육의 최적기라고 보아 언어 습득 장치(LAD: Language Acquisition Device)에 대해 강조하고 있다. 이 견해는 후에 보편 문법(UG: Universal Grammar)이라고 명명되었고, 이것은 제2언어 습득을 가능하게 하는 것으로 설명되고 있다.

생득주의자들에 따르면, '결정적 시기(Critical Period)'를 놓친 학습자들이 제2언어를 습득하는 것을 보편문법만으로 설명할 수는 없지만, 분명 보편문법은 제2언어 습득에 어느 정도 효과적일 것이라고 주장한다. 보편문법 연구자들에 의하면 행동주의 및 다른 언어 학습 이론들은 초기 단계의 언어 운영에 대한 것은 충분히 설명하지만 그 외에 복잡한 것은 설명하지 못한다고 반박한다. 즉, 보편문법은 학습자의 복잡한 통사론(syntax)적 지식 형성을 잘 설명해 준다고 주장한다. 제2언어 습득의 연구 방법 측면에서 살펴보면, 행동주의 연구자들은 대화/말하기 영역을 집중적으로 관찰하는 반면, 생득주의 연구자들은 문법적 판단 영역을 집중하여 연구한다.

제2언어 습득에 대한 생득주의 이론에 가장 많은 영향을 받은 사람은 크라쉔(Krashen, 1982)이며, 그는 외국어 습득 이론을 다섯 가지 가설로 설명했는데 그중에서 모니터 모델(Monitor Model)설을 강조하였다. 이는 다음과 같다.

(1) 습득-학습 가설(The Acquisition-Learning Hypothesis)

제2언어의 '습득(Acquire)'은 모국어를 배울 때처럼 의식하지 않은 상태에서 언어를 배우는 것이다. 반면, '학습(Learning)'은 의식적으로 언어의 형식과 규칙을 공부하는 것을 말한다. 크라쉔에 의하면 습득된 언어가 학습된 것보다 더 자연스럽고 유창하다. 이 관점에 의하면, 가능하면 제2언어를 배울 때는 학습보다는 습득으로 유도함이 바람직하다는 것이다. 다른 말로 하면 언어는 학습의 방법이 아니라, 모국어를 습득해 가듯이 자연스럽게 배우는 것이 바람직하다. 이런 습득-학습에 대한 이론의 전개로 인해 '외국어 학습'이라고 하기보다는 '외국어 습득'이라는 용어가 산출되었다고 해도 과언은 아니다.

(2) 모니터 가설(The Monitor Hypothesis)

언어를 습득한 사람은 언어의 정확성에 대한 직관적 판단과 유창성을 지닌다. 그러나 학습한 사람은 습득된 말에 변화를 주거나 다듬거나 수정할 때 모니터를 사용한다. 예를 들어, 학습을 통해 정식으로 배운 표현은 주어+동사+목적어가 있다. 반면, 습득에서는 목적어만으로도 충분히 의사소통을 할 수 있다. 좋은 예로 아래처럼 모국어에서는 의사소통을 위해 '문법'에 크게 신경을 쓰지 않는다.

- 학습된 표현 : I would like to buy apples.
- 습득된 표현 : Apples, please.
  Do you have apples?

따라서 의사소통을 할 때 학습에서는 이와 같은 정확한 문법을 가지고 자신의 표현을 모니터링한다. 모니터 가설은 언어를 가르칠 때는 영어를 학습하는 것보다는 습득이 가능하도록 환경을 마련해 주어야 한다는 것이다.

(3) 자연적 순서 가설(The Natural Order Hypothesis)

제2언어 학습자는 예측 가능한 순서대로 목표언어의 특성을 습득해 간다. 그러나 쉬운 규칙을 반드시 가장 먼저 습득하는 것은 아니다. 예컨대, 불규칙동사를 먼저 학습한다. 어린이는 go-went-gone을 먼저 학습한다. 성인의 입장에서 보면, look-looked-looked 등 규칙동사를 먼저 학습할 것으로 생각되지만 어린이는 성인이 어렵다고 생각하는 불규칙동사를 쉽게 학습한다. 이 가설에 의하면 성인이 체계적으로 가르치려는 구조적 학습은 그리 효과적이지는 않다.

(4) 입력 가설(The Input Hypothesis)

언어에 대한 이해와 습득은 입력 시 학습자의 현재 수준(i)보다 한 단계 높은 수준(i+1)으로 입력될 때 발생하는 것이다. 다시 말해, 이해 가능한 입력(comprehensible input)이 주어져야만 학습자의 흥미가 높아지며 언어 습득이 가능해진다.

(5) 정서적 필터 가설(The Affective Filter Hypothesis)

정서적 필터란 입력되는 언어를 학습자가 정서적 상태, 태도, 동기, 필요성 등에 기초하여 잠재적으로 걸러내는 데 사용되는 장치이다. 이와 같은 여과막은 심적 불안감(anxiety), 학습 동기(motivation), 자신감(self-confidence) 등과 밀접하게 연관되어 있다. 따라서 필터가 '높아지면(up)' 학습자는 언어를 습득하기가 어려운 상태가 되고, 필터가 '낮아지면(down)' 편안하고 자신감에 차며 동기 부여된 상태에서 언어 습득이 가능하게 된다. 이 가설에 의하면 언어 습득을 위해서는 어린이의 감정적 필터가 중요하므로 어린이의 흥미, 즐거움, 동기 등과 같은 것이 중심이 되어야 한다.

3. 연결주의 이론(Connectionism)

1) 모국어 습득 이론

1950~1960년대에 컴퓨터와 함께 등장한 연결주의는 생득주의와 다르게 어린이가 언어 습득 장치를 갖고 태어난다고 보지는 않았다. 오히려 행동주의에서처럼 환경에 더 중요성을 두었다. 연결주의란 두뇌를 컴퓨터로 보며, 뇌에서 입력되는 정보들을 가지고 뉴트럴 네트워크(Neutral Network)로 연결된 여러 개의 뉴런이 병렬적으로 연결되어 처리한다는 이론이다. 다시 말해 어린이는 생득적으로 언어 지식을 갖고 태어나는 것이 아니라, 성장하면서 노출되는 많은 언어를 입력하면서 언어적 지식을 쌓아 가는 것이다. 학습자의 두뇌는 자주 사용되는 언어에 대해 민감해지며 이를 신경학적으로 활발하게 활동시키면서 '연결'을 지어 나가게 되는데, 이때 연결된 언어를 가지고 규칙화 또는 일반화시키는 것이다.

예를 들어, 어린이가 주어-동사의 관계를 올바르게 사용하는 것은 어린이가 그 문법적 규칙을 알고 있는 것이 아니고 문장에서 매번 그리고 자주 나오는 주어-동사, 즉 'I say'와 'He says'를 많이 듣게 되면서 이것이 활발하게 활동하여 연결되면서 어떤 것이 올바른 주어-동사의 관계인지를 인지하게 되는 것이다.

또 한 예로 과거를 나타내는 동사의 경우, 동사 뒤에 '-ed'가 붙은 단어가 자주 입력되면, 어린이 두뇌에서는 입력된 정보, 즉 '-ed'가 붙은 단어를 연결시키면서 과거에 '-ed'가 붙는 것을 규칙 또는 일반화로 인지하고 과거형을 올바르게 사용하게 되는 것이다. 이와 같이 연결주의는 새로운 정보를 기존의 지식 구조와 통합하여 지식을 만들어 나가는 것으로 보는 관점이다.

2) 외국어 습득 이론

연결주의자들은 선천적 언어 지식보다 환경적으로 얻은 언어 지식을 더 중요한 것으로 본다. 생득주의자들이 환경에서의 언어 입력을 선천적 지식을 활성화시키는 것으로 보는 반면, 연결주의자들은 입력을 언어적 지식의 주요 근거로 본다. 즉, 주변에서 듣는 언어가 언어적 지식이 되는 것이다. 그래서 어린이는 실제 사물과 사물의 이름을 연합하는 것과 더 나아가 사물의 실제 용도와도 연합시킬 수 있다고 본다.

예: pen + (실제 연필) … = write

연결주의와 함께 정보처리 이론은 위와 같은 맥락으로 영어 학습이 일어난다고 보았다. 즉, 정보처리이론가는 연결주의이론가의 관점을 통제된 연구실 상황으로 만들고, 컴퓨터를 이용하여 선택된 언어적 요소들을 가지고 언어 학습에 대한 것을 실험하였다. 그러나 생득주의에서 언급한 것처럼 인간의 언어 습득을 설명하고, 연구 결과를 일반화하기에는 문제가 있었다. 연결주의에서 환경의 중요성을 언급하며, 누적적인 경험이 중요하며, 경험과 연결할 수 있는 환경이 중요하다고 강조한 것은 정보처리 이론과 유사하다.

4. 구성주의 이론(Constructvism)

1) 모국어 습득 이론

구성주의의 대표 학자는 피아제(Piaget, 1936)와 비고츠키(Vygotsky, 1986)로 알려져 있다. 때로는 상호작용주의로 불리기도 한다. 이 이론에서는 "언어 발달은 유아와 환경과의 상호작용을 통해서 이루어진다."고 보고 있다.

피아제(1896~1980)에 의하면, 언어는 유아가 사용하는 많은 상징체계 중 하나이며, 유아는 환경과의 물리적인 상호작용을 통해 얻은 지식을 표현한다. 그러므로 어린이는 상징체계를 잘 이해해야 하며, 타인과의 교류를 통해 언어를 습득한다고 보았다.

비고츠키 역시 피아제처럼 언어는 사회적 상호작용을 통해서 발달한다고 보았다. 그러나 그가 말한 것으로 두드러진 것은 근접발달지역(ZPD: Zone of Proximal Development)의 개념이며, 이는 언어 습득 이론에서 자주 활용된다. 즉, 유아의 능력을 약간 넘어서는 비계를 적절히 설정하면 유아는 상대와 교류하면서 언어를 발전시켜 나간다. 유아는 사회적 상호작용을 통해서 언어를 발달시켜 나간다는 것이다.

앞서 라이트바운과 스파다(Lightbown & Spada, 1990)의 예를 인용하여 구성주의 이론의 관점에서 언어 습득의 예에 대한 것을 살펴본다.

사례

(Peter is playing with a dump truck while two adults, Patsy and Lois, look on.)

Peter : Get more.

Lois : You're gonna put more wheels in the dump truck?

Peter : Dump truck. Wheel. Dump truck.

……

(later)

Patsy : What happened to it(the truck)?

Peter : (looking under chair for it) Lose it. Dump truck! Dump truck! Fall! Fall!

Lois : Yes, the dump truck fell down.

Peter : Dump truck fell down. Dump truck.

(두 성인인 팻시와 로이스가 보고 있는 동안, 피터는 덤프트럭을 가지고 놀고 있다.)

피터 : 좀 더 올려.

로이스 : 덤프트럭에 바퀴를 더 올려놓을래?

피터 : 덤프트럭. 바퀴. 덤프트럭.

……

(잠시 후)

팻시 : 그것(덤프트럭)이 어떻게 됐어?

피터 : (덤프트럭을 의자 밑에서 바라보며) 없어졌어. 덤프트럭. 덤프트럭! 덤프트럭! 넘어졌어. 넘어졌어.

로이스 : 그래. 덤프트럭이 넘어졌어.

피터 : 덤프트럭이 넘어졌어. 덤프트럭.

사례 분석 위의 예에서 보면, 두 성인은 어린이와 언어적 상호작용을 하는 중, 다음과 같은 형식으로 비계를 설정한 것을 알 수 있다.

- 천천히 전달
- 짤막한 표현
- 단순한 문장 형태를 사용
- 반복
- 유사한 표현
- 어린이의 직접적 환경에 맞는 대화의 주제 사용
- 문법적으로 옳은 문장으로 확장

위와 같은 예는 어린이와 성인이 상호작용하는 과정에서도 살펴진다. 어린이 혼자 듣고 보는 것처럼 개인이 일방적으로 언어 환경에 노출되는 것은 언어 발달에 있어서는 불충분하기 때문에 상호작용이 필요한 것이다. 일대일 상호작용은 어린이 자신의 수준에 맞는 언어를 접해 볼 수 있도록 하는 중요한 과정이다.

2) 외국어 습득 이론

상호작용주의자인 롱(Long, 1983)은 크라쉔(Krashen, 1982)의 이해 가능한 입력 가설에 의문을 갖고 연구한 결과, 상호작용적 수정이 언어 입력을 이해 가능하게 하는 것으로 보았다. 실제로 원어민은 비원어민과 지속적인 대화를 하기 위해서 말을 계속 수정하는 것으로 밝혀졌다. 언어 습득과 상호작용적 수정의 관계는 다음과 같다.

① 상호작용 과정에서 수정은 입력을 이해 가능하게 한다.

② 이해 가능한 입력은 습득을 고무시킨다.

③ 상호작용 과정에서 수정은 언어 습득을 고무시킨다.

롱이 강조하는 것은 이해 가능한 입력이다. 그 의미는 어린이에게 이해할 만한 내용으로 제공하면 언어 습득이 일어난다는 것이다. 또한 생활 속에서나 대화 속에서 이루어지는 수정은 단순화하는 것은 물론 정교해야 하며 느린 말, 몸짓, 문맥적 단서를 포함해야 한다. 즉, 말을 하는 발화자는 상대방이 이해하는지 이해의 정도를 계속해서 점검해야 하며, 말을 듣는 청화자는 이해하지 못한 부분을 명료화해야 한다. 발화자는 자주 반복해 주거나 풀어서 설명해 주어야 한다.

비고츠키(Vygotsky, 1986)는 사회적 상호작용이 제2언어 습득에 있어서 중요한 역할을 한다고 보고, 언어는 더 나은 또래와의 협력과 상호작용 안에서 발달한다고 보았다. 그의 이론은 근접발달지역(ZPD)의 개념을 지지하는데, 이는 학습자가 자신보다 수준이 높은 대화자와 상호작용하면서 수행 능력이 향상될 것이라고 보는 관점이다.

요약하면, 상호작용을 통해 언어를 습득하는 것은 언어를 단순화하는 것이나 수정해 주는 것보다 더 효과적이다.

이상에서 언급한 것을 종합하면, 행동주의에서는 제2언어 습득에 대해서 모국어처럼 모방, 반복, 강화, 보상 등 습관 형성을 통해 발달한다고 본다. 행동주의에 근거해서 외국어 습득 이론으로 전개된 비교가설이론(CAH)은 모국어와 목표언어의 유사한 부분을 알려 주어 목표언어를 쉽게 학습하게 한다는 것이다.

생득주의 역시 제2언어 습득에 대해서 모국어 습득 이론에 근거를 두고 말한다. 이 입장에서는 제2언어 습득의 최적기를 유아기로 보고 언어습득장치를 강조한다. 생득주의 이론가 크라쉔의 5가지 가설, 즉 습득·학습 가설, 모니터 가설, 자연적 순서 가설, 입력 가설, 정서적 필터 가설은 제2언어 습득 이론의 기초가 되고 있다.

정보처리이론가와 연결주의이론가는 환경의 중요성을 강조하고, 누적적 경험의 중요성과 연결할 수 있는 환경의 중요성을 강조하였다. 그러나 컴퓨터를 이용한 자극과 매우 통제된 연구실에서 주의 깊게 특별히 선택된 언어적 요소를 가지고 언어 학습을 실험하였기 때문에 제2언어로서 언어 학습의 복잡성을 설명하지 못했다.

한편 구성주의이론가들은 제2언어를 습득하는 데 있어서도 가장 중요한 것은 상호작용임을 주장함으로써 현대적인 외국어 습득 이론에 공헌하였다. 특히 어린이의 현재 수준보다 좀 더 높은 상호작용이 중요하다. 롱은 제2언어 습득에서 입력 가능한 정보를 주는 것, 느린 말, 몸짓, 문맥적 단서가 중요함을 강조했다.

5. 정보처리 이론(Information Processing Theory)

1) 외국어 습득 이론

뒤늦게 나타난 정보처리 이론에서 제2언어 습득은 언어 지식이 축척되었을 때 자동적으로 말하기와 이해가 가능해지는 것으로 보았다. 처음에 학습자가 언어를 말하거나 이해하기 위해서는 집중이 필요한데, 인간이 한 번에 집중하여 얻을 수 있는 정보의 양은 한정되어 있다. 따라서 초기 단계의 학습자는 문법적인 것보다는 주요 단어/문구에 집중하다가 경험과 연습을 통해 점차적으로 확대되어 나중에는 학습자가 인식하지 못하는 상태에서 빠르게 그리고 자동적으로 언어적 지식을 사용하게 된다.

스미트(Schmidt, 1990)에 의하면, 알게 된 모든 언어는 먼저 의식적으로 인지(notice)된다고 보고 제2언어 습득에 '인지'의 역할이 강조된다. 이것은 크라쉔(Krashen, 1982)의 관점과 반대되는 것으로 학습과 습득 간에 차이가 있다고 보지 않는 것이다. 연습을 통한 자동성을 연구하는 학자에 따르면, 재구성(restructuring)으로 인해 언어적 기술과 지식이 변화된다는 것이다. 즉, 새로 획득된 언어는 이미 존재하는 구조에 맞추어 언어의 습득 및 재구성이 이루어진다.

종합하면, 이상에서와 같이 간단히 살펴본 언어 습득 이론 중에 어느 이론이 옳고 어느 이론이 그르다고 말할 수는 없다. 각 이론은 어린이 언어 발달에 대한 역사적이고 점진적인 언어 연구 발전의 결과이기도 하다. 각각의 이론은 특징이 있으며, 어린이 언어 발달의 어떤 측면을 설명하는 데 공헌하고 있다. 행동주의와 연결주의는 반복학습과 경험의 중요성을 말하고 있다. 생득주의는 언어습득장치로 조기 언어 습득의 결정적 시기, 보편적 문법 습득, 복잡한 문법을 습득하는 것을 설명할 수 있다. 상호작용주의는 형식과 의미의 관계를 아는 것, 상호작용의 중요성, 근접발달지역으로 언어를 습득하는 데 대한 전략을 설명할 수 있다.

최근에는 언어 습득의 모든 이론에서 좋은 것을 선택하여 구성적 접근으로 발전하는 것이 바람직하다는 이론을 채택한다. 그러므로 어느 한 가지 이론만으로 자신의 교수 방법을 구성하는 것보다는 학습자의 발달 단계와 상황 및 환경에 따라 구성하게 하는 방향을 추구하는 것이 바람직하다고 볼 수 있다.

위와 같은 여러 이론의 장단점을 고려하여 외국어 습득 역시, 모국어 습득 이론에서처럼 제2언어 습득에서도 어느 한 이론에 치우치기보다는 각 이론의 특징으로부터 장점을 살려 구성적 접근으로 발전시키는 입장을 수용하고 있다. 예컨대, 행동주의에서의 반복의 효과를 흥미 있게 하는 것, 생득주의에서의 어린이의 본능적인 언어 습득 장치를 강조하는 것, 상호작용 이론에서의 상호작용을 통한 언어 습득을 수용하는 입장을 취한다.

외국어 교육의 목적이 원어민처럼 말할 수 있는 발음의 측면을 강조하기 위해서는 언어 습득 장치의 기능이 사라지기 전, 유아기에 외국어를 접하게 해주어야 한다는 관점도 수용되고 있다. 한편 상호작용으로부터 어린이는 적극적으로 지식을 구성할 수 있음을 감안하여 입력 가능한 정보를 제공해 준다는 관점을 적용한다. 그리고 무엇보다도 중요한 것은 상호작용 속에서 수정 과정은 상호작용을 강조하는 입장에서 언어 습득이 일어난다는 것을 수용한다.

생각해 볼 문제

- 자기가 어떻게 모국어를 습득했다고 생각하나? 그 과정을 기억해 보자.
- 4장의 내용을 모두 배운 후, 자기 견해가 어떻게 변화되었는지 살펴보자. 특별히 인상적으로 변한 자기의 관점에 대해 토의해 보자.

- Skinner는 모국어 학습에 대해 무엇이라고 자기 관점을 가장 쉽게 사람들에게 말할까? 말풍선 안에 쉽고 친절한 표현을 해 보자.

- Chomsky는 모국어 학습에 대해는 무엇이라고 자기 관점을 가장 쉽게 사람들에게 말할까? 말풍선 안에 쉽고 친절한 표현을 해 보자.

- Piaget는 모국어 학습에 대해 무엇이라고 자기 관점을 가장 쉽게 사람들에게 말할까? 말풍선 안에 쉽고 친절한 표현을 해 보자.

- Vygotsky는 모국어 학습에 대해 무엇이라고 자기 관점을 가장 쉽게 사람들에게 말할까? 말풍선 안에 쉽고 친절한 표현을 해 보자.

- 크라쉔(Krashen)은 외국어 학습에 대해 무엇이라고 자기 관점을 가장 쉽게 사람들에게 말할까?

- 롱(Long)은 외국어 학습에 대해 무엇이라고 자기 관점을 가장 쉽게 사람들에게 말할까?

- "언어 습득의 최적기가 유아기"라고 한 것과 유아 영어교육과의 관계를 부모에게 어떻게 설명할 수 있는지 토의해 보자.

언어교육 방법에는 크게 두 가지가 있다. 하나는 놀이터와 같은 아주 자연스러운 환경에서 친구들과 놀면서 의사소통하는 가운데 언어를 습득하는 자연적 방법이다. 또 다른 하나는 어린이에게 제도적으로 언어를 습득하게 하는 환경을 만들어 주어 체계적으로 학습하게 하는 의도적 환경의 양상이다. 이런 의도적인 환경은 다시 크게 전통적 교수 방법과 의사소통적 방법으로 나누어진다. 이를 그림으로 나타내면 다음과 같다.

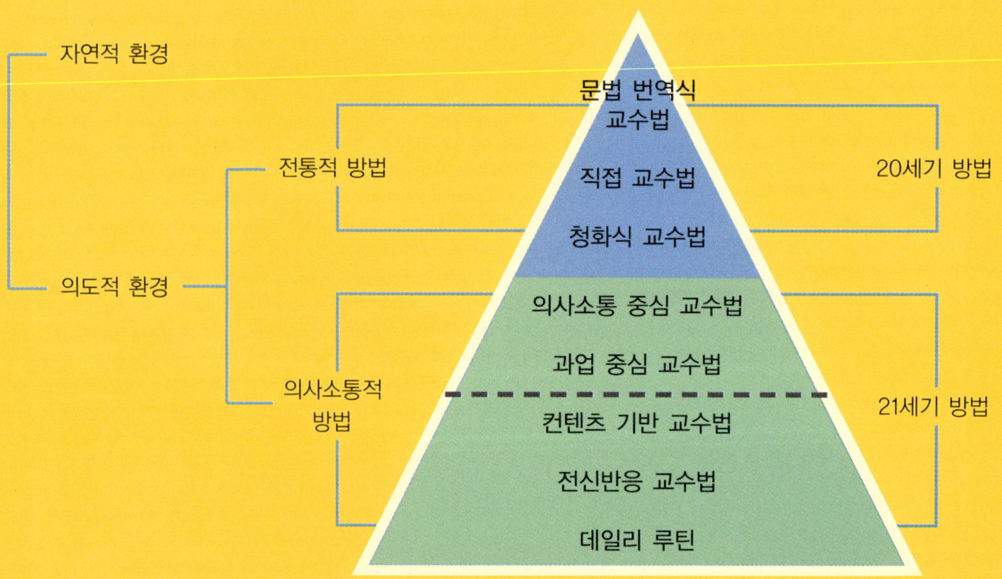

| 언어 수업 환경 및 교수법 |

전통적 방법은 문법 번역식 교수법과 직접 교수법, 그리고 청화식 교수법을 말한다. 반면 의사소통적 방법으로는 의사소통 중심 교수법, 과업 중심 교수법, 전신반응 교수법, 컨텐츠 기반(내용 중심) 교수법, 그리고 데일리 루틴(Daily Routine)이 있다. 어떤 학자는 전통적 교수법을 20세기 방법이라고 말한다. 의사소통적 방법을 21세기 방법이라고 말하는 이유는 상호작용이 강조되기 때문이다.

제 Ⅳ 부

영어 교수법 Ⅰ: 21세기 방법

제 5 장

컨텐츠 기반 교수법 (Content-based Approach)

컨텐츠 기반 영어 교수법은 광범위한 성격을 가지고 있다. 이는 크게 역사성, 철학적 근거, 특징(언어의 분리, 교육과정과 주제 중심, 절충적 접근, 그리고 통합적 계획과 다학문적 접근)으로 볼 수 있으며 강조하는 점(Learning Cycle)도 독특하다.

1. 배경

1960년대 캐나다에서 시작된 불어/영어 집중 프로그램(French-English Immersion Program)은 K학년부터 불어와 영어의 주 언어를 습득할 수 있도록 고안된 컨텐츠 기반 프로그램이다. 캐나다 퀘벡 시의 프랑스로부터 이주해 온 이민자들은 어린이로 하여금 모국어인 불어와 영어에 능숙해질 수 있도록 학교 교육과정을 구성해 달라고 정부에 요구하였다. 전문가, 부모집단, 교육자들의 연구와 이를 경청한 정부의 지원으로 이 프로그램은 성공적으로 진척되었다. 이런 성공은 소위 컨텐츠 기반 영어교육 교수법으로 전개되어 세계적인 관심을 이끌게 되었다. 거듭 말하자면 컨텐츠 기반 교수법은 교육 프로그램 전반에 걸친 내용 중심의 교수 전략으로 각 과목을 가르치는 데 집중하고 이중언어를 구사하도록 하여 성공한 결과를 보여 주었다.

이민자가 많은 미국의 경우, 이중언어에 대한 연구가 정책적·경제적 지원으로 이루어졌다. 그 결과 캐나다, 호주, 싱가포르와 같은 나라처럼 이민자 자녀 교육을 위해 다양한 이중언어교육 프로그램을 개발 실천하게 되어 궁극적으로는 300여 종의 이중언어교육 프로그램이 제정되었다. 그러나 대부분의 이중언어교육 프로그램에 대한 교육적 효과는 그리 긍정적으로 나타나지는 않았다(Collier, 1987). 예외적으로 컨텐츠 기반에 의거한 교육 방법을 사용한 한영 이중언어 프로그램(KDLP: Korean-English Dual Language Program)은 효과적인 것으로 나타났다(Sohn & Merrill, 1994). 이 프로그램은 모범 이중언어 프로그램으로서 캘리포니아 주에서 상을 탔으며 연이어 모범 외국어 프로그램으로 미국교육국(U.S. Department of Education)으로부터 상을 타기도 했다. 따라서 컨텐츠 기반 교수법이 마치 영어교육을 대표하는 프로그램처럼 효과적인 교수법으로 인식되고 있다.

한영 이중언어 프로그램(KDLP)은 1992년에 UCLA, 특히 언어학자인 캠블(Campbell) 등의 응용언어 이론과 나성교육국(LAUSD)의 장학관인 매릴(Merrill)의 교사 선정 및 교사 교육, 그리고 당시 한국어 교사 교육 커리큘럼과 모국어 교육 자료를 제공한 이화여자대학교 팀의 이경우와 이은화와의 상호 협력으로 계획 · 실천되었다. 프로그램은 코행가초등학교(Cauhenga Elementary School)의 한 학급에서 시작되었으나, 지금은 댕커초등학교(Denker Elementary School), 삼가초등학교(The 3rd St. School) 등에서 성공적으로 실시되고 있다.

커민스(Cummins, 1991)는 컨텐츠 기반 혹은 몰입교육이 성공한 공통적 특징에 대해 다음처럼 8가지를 말하고 있다.

① 제2언어(캐나다의 경우, 제2언어(L2): 불어)가 교수 수단으로 사용되었다.
② 몰입 교육과정은 모국어 교육과정과 병행되었다.
③ 제1언어(영어)는 공공연하게 지지되었다.
④ 몰입 프로그램은 이중언어를 강조하고 그것을 목적으로 하였다.
⑤ 교실에서는 제2언어에 노출될 수 있도록 적극적으로 격려하였다.

⑥ 제2언어의 수준이 유사한 학생들이 함께 몰입 프로그램을 시작하였다.

⑦ 교사는 이중언어를 구사하였다.

⑧ 교실의 문화는 제1언어를 말하는 공동체(community)였다.

한국에서는 컨텐츠 기반 영어교육 프로그램이라는 이름이 캐나다나 미국과는 달리 모국어(L1)에서 제시하는 교육의 기준과 목표언어(L2)의 영어교육에서 제시하는 기준(standards)에 도달해야 하는 교육 목표에 도달하는 것에는 개의치 않고 사용되는 경우가 많다.

2. 관점

컨텐츠 기반 영어교육은 교수 방법에 따라 구성주의 철학에도 근거한다. 캠블(Campbell, 1994), 매릴(Merrill, 2004), 그리고 손과 매릴(Sohn & Merrill, 1994)은 컨텐츠 기반 영어교육 프로그램의 철학적 근거를 행동주의, 생득주의, 구성주의에서 좋은 점을 유출한 것이 그 관점이라고 언급하고 있다. 본서에서도 현재 컨텐츠 기반 영어교육의 철학적 근거는 구성주의에도 있다고 본다. 왜냐하면 시작 초기에는 절충적 입장을 택하였을지 모르겠으나 시대적 변화에 따라 상호작용을 강조하는 접근 방법을 택하고 있으므로 구성적 접근이라고 보며 이를 살펴보고자 한다.

컨텐츠 기반 교수법에서 중요한 것은 언어의 장기 기억을 필요로 하는 전략(Donaldson, 1999)을 사용한다는 것이다. 장기 기억을 위해서는 기본 정보를 유지할 수 있도록 개념을 반복해 줄 필요가 있다. 이는 언뜻 행동주의 이론으로 들릴 수 있으나 고전적·전통적 방법의 반복이 아니라 흥미 있는 다양한 방법으로 개념을 반복해 준다는 측면에서 행동주의와는 다른 구성적 접근을 강조한다. 행동주의에서의 반복은 흥미보다는 단순 반복과 훈련이다. 구성주의 교육에서도 유아의 개념 형성을 위해서 연습과 반복의 교수 전략을 사용하지만 흥미를 고려하여 다양한 상황과 맥락에서 같은 개념을 다룬다. 예컨대 어린이는 '생일'과 같은 개념을 기억하기 위해서 그림책의 이야기를 들은 후 생일 카드를 만들고, 케이크를 먹고, 선물을 받는다. 달력을 보고 날짜를 말하고 날씨에 대해 말해 보는 것도 반복 활동 중 하나이지만 기분이나 날씨는 매일 다르기 때문에 다른 방법으로 반복한다. 도날슨(Donaldson, 1999)은 상호 연관 정보에 노출된 것이 2일 이상 지나면 대부분의 정보는 장기 기억으로 유지되지 않으므로 개념에 노출되도록 하는 관련 활동을 일주일에 세 번 정도는 방법을 달리하여 반복해 줄 필요가 있다고 강조한다. 이렇듯 방법을 달리하여 흥미 있는 생활 맥락에서 다루는 점이 바로 구성주의적인 입장이다.

컨텐츠 기반 교수법에서는 어린이의 흥미와 느낌(감정적 필터)을 중요시한다. 생득주의의 크라쉔(Krashen, 1982)의 가설 중에서 언어 습득 가설, 입력 가설, 정서적 필터 가설(언어 습득 이론 참조)에 의거하면, 어린이는 이해 가능한 입력이 있을 때 흥미를 보이며 언어 습득이 가능해진다. 어린이는 정서적으로 안정되고 자신감이 있을 때 동기화되고 가장 잘 배운다. 따라서 언어가 어린이에게 흥미 있고, 교육과정과 연관성이 있는 정보가 담긴 내용을 전달하는 도구가 될 때 어린이는 언어 습득을 하려는 동기를 갖게 된다. 단순히 문법이나 단어 암기보다는 내용을 흥미 있게 함으로 동기유발이 되고 즐겁게 목표언어를 습득하게 한다는 구성주의 전략을 택한다. 이러한 흥미와 동기 유발은 생득주의뿐 아니라 구성주의 관점에서도 매우 중요하게 생각하는 학습 요인이다. 피아제(Piaget, 1954, 1965)는 흥미가 모든 지식 구성의 연료라고 말한 장본인이다. 그리고 지식을 구성하는 것은 관계를 파악하는 것이며, 관계 파악은 지능 발달을 의미한다고 하였다.

컨텐츠 기반 영어교육에서는 듣고-함께 말하기-기억하기에서 구성주의 관점이 강조하는 상호작용을 매우 중요하게 고려한다. 이는 피아제는 물론 사회적 상호작용을 중요하게 강조한 비고츠키(Vygotsky, 1986)의 사회적 상호작용 이론에 근거를 둔다. 롱(Long, 1983)에 의하면 언어 습득은 교사-어린이 간의 상호작용을 통해 메시지가 전달되고 의미가 협상되기 때문에 일어난다. 이때 중요한 것은 상호작용은 이해 가능한 입력으로 이루어져야 하며 의미 협상이 일어나야 한다는 것이다. 이것을 쉽게 말하면 어린이의 수준에 맞는 정보를 주고 이해하게 하는 것이다. 어린이에게 'happy' 라는 개념을 이해하게 하려면 행복한 표정을 보여 주는 상황이 있어야 한다. 웡-필모어(Wong-Fillmore, 1991)에 의하면, 상호작용은 의미 있는 맥락에서 이루어져야 한다. 즉, 어린이는 언어에 대한 문법지식이 충분하지 않아도 언어 입력이 구체적이고 의미 있는 맥락에서 이루어지면 언어 습득을 쉽게 할 수 있다는 것이다. 예컨대 총체적 언어에서 강조하는 점은 좋은 문학(그림책)을 읽고 의미를 파악하게 하는 것은 물론 창의적 생각을 펴 나가게 하는 것이다. 손과 매릴(Sohn & Merrill, 1994)에 의하면, 상호작용은 구체적으로 어린이 중심에서 이루어져야 한다. 어린이와 상호작용을 할 때 성인은 느린 말, 짧은 말, 쉬운 문법, 쉬운 문장 등을 사용해야 한다. 이는 어린이로 하여금 많이 기억하지 않아도 되도록 하는 것이다. 또한 교사는 어린이가 좀 더 쉽게 이해할 수 있도록 손짓, 몸짓 등 신체적 언어를 사용해서 상호작용을 한다는 것이다.

3. 교육 방법

1) 언어(모국어와 목표어)의 분리

컨텐츠 기반 교수법을 성공적으로 이끄는 가장 핵심적 요소는 모국어(L1)와 목표언어(L2)를 모두 중요하게 고려하며 두 언어를 분리해서 사용하는 것이다. 즉, 모국어(한국어)와 목표언어(영어)를 동시에 사용하지 않고 두 언어를 각각 사용하는 것이다. 두 언어를 동시에 사용하는 것은 문법 번역식이므로 두 언어를 분리해서 사용해야 한다. 예를 들면 "나는 사과를 좋아해 - I like apples."라고 한국어(L1)와 영어(L2)를 연속해서 문법 번역식으로 알려 주지 않아야 한다는 것이다. 그 이유는 영어가 가르치려는 목표언어인 경우, 한국어와 영어를 동시에 듣는다면 모국어가 한국어인 어린이는 한국어에 집중할 것이며 자기에게 쉬운 한국어(모국어)가 사용될 때까지 기다리는 습관을 갖게 될 것이다. 다시 말해서 한국어가 들리지 영어가 들리지는 않는다. 언어는 문화도 익혀야 하므로 해석적으로 익히지는 않아야 한다.

매릴(Merrill, 2004)은 개념이 어려운 경우 정확하게 전해 주기 위해서는 모국어로 간단히 알려 주는 사전활동(preview lesson)이 유익하다고 말한다. 즉, 개념을 말해 주고 싶을 때는 하루 전에 모국어로 사전활동을 해 준다. 그러나 대개의 경우 생활주제로 이루어지는 모국어 교육 내용이 영어교육의 내용과 같을 경우, 별도의 사전활동은 필요 없다. 이는 학습 주기(Learning Cycle)에 나타나 있듯이 모든 수업 전에 할 수 있으며 개념 형성을 돕기 위해 여기서만 모국어가 사용되는 활동이다.

| 학습 주기(Learning Cycle) |

참고 사항: 사전활동이 필요한 주제나 활동

- 문화적 요소의 설명
  예: 나라마다 다른 동물의 울음 소리/표현
- 세계 여러 나라
  예: 여러 나라의 기후, 인종, 음식과 풍속
- 어려운 개념
  예: 지구와 환경, 재활용, 물의 순환

1) 교육과정과 주제 중심

(1) 교육과정

캐나다에서 시작된 불어/영어 집중 프로그램의 성공은 그것이 국가 교육과정과 연관된 컨텐츠 기반 교수법이기 때문이었다. 캠블(Campbell, 1994)은 이중언어를 실시하는 국가 교육과정을 교육 내용으로 하되 모국어를 존중하는 것을 강조한다. 어린이가 모국어 외에 제2언어를 습득하기 위해서는 적어도 3년간의 나선형 프로그램에 노출되어야 할 것을 강조하였다.

거듭 강조하면, 컨텐츠 기반(몰입) 프로그램은 이중언어를 지향한다. 이런 입장에서 교육과정은 그 나라의 교육과정과 목표언어를 실시하는 나라의 국가수준 혹은 표준교육과정에서 유출한다. 미국의 한영 이중언어 프로그램(KDLP)의 경우, 한국 교육과정의 한국어 기준과 미국 캘리포니아의 언어 기준(California Language Arts Standards)에 의거하여 교육과정을 구성한 것이 그 좋은 예이다.

같은 맥락에서 우리나라의 과학 기반 영어교육 프로그램에서는 우리나라 국가수준 유아교육과정의 교육과 미국 STEM 교육 기준 및 캘리포니아의 언어 영역에서 교육과정의 내용을 유출할 수 있다. 다른 말로 표현하면 융합창의 교육은 모국어와 과학교육 기준과 목표언어 기준을 다루는 기준에서 내용이 구성되어야 한다는 것이다.

(2) 주제 중심

굳윈(Goodwin, 2004)은 컨텐츠 기반 교수법이란 주제 중심의 내용이 있는 것으로 정의한다. 브린톤, 스노우 그리고 웨체(Brinton, Snow & Wesche, 1989, vii)도 컨텐츠 기반 교수법은 "내용과 언어교육의 목표를 통합하는 것이다."라고 말한다. 다시 말하면, 내용지식과 언어를 동시에 공부하는 것이다. 언어가 컨텐츠를 알려 주는 수단으로 사용되면 목표언어는 적절한 역할을 하게 되는 것이다. 즉, 내용을 목표언어로 배우다 보면 말을 배우는 효과가 있다는 것이다. 브린톤(Brinton, 2003)도 커민스(Cummins, 1991)

가 언급한 것처럼 컨텐츠 기반 교수법은 좀 더 자연스럽게 언어를 습득하게 하며 의사소통적 능력과 인지학문적 언어 능력 모두를 습득하게 한다는 데 동의한다.

매릴(Merrill, 2004) 역시 컨텐츠 기반 교수법은 언어 기능을 실질적인 교육과정의 내용과 분리해서 가르치는 여러 영어교육 방법과는 명확한 대조를 이룬다고 보았다. 듣기, 말하기, 읽기, 쓰기를 분리해서 가르치기보다는 국가가 제시하는 교육과정 내용을 목표언어를 사용하여 교수하는 것이며, 교육과정 내용은 자연히 의사소통 능력과 인지학문적 언어 능숙 모두를 길러 주는 것이라고 보아 주제를 강조한다. 주제는 학습 주기에서 주 활동으로 전개된다. 주 활동은 대개 5단계로 이루어지며 이를 표로 정리해서 나타내면 〈표 5-1〉과 같다.

〈표 5-1〉 **주 활동(main activity)의 전개**

단계	주 활동의 전개	내용
1	동기유발 (Motivation)	내용과 연계되는 흥미 있는 활동을 한다. 짧은 노래 혹은 TPR 활동과 같은 것이다.
2	도입(Input)	다양한 교수법으로 이해 가능하다고 생각하는 방법으로 내용을 소개한다. 재미있게 그림책을 읽어 주거나 그림 자료를 보여 주고 정보를 제공하는 것 등과 같은 것이다. 정보로부터 어린이는 지식을 구성해 나아갈 수 있을 것이다.
3	상호작용 (Interaction)	그림책의 표지를 보고 교사는 질문을 할 수 있다. Do you see a balloon?, Is it under the tree?, Where is a dog? 등과 같은 질문을 하며 어린이가 단어 혹은 상황을 이해하고 있는지 질문한다. 단어를 모르는 경우, 교사는 답을 제시하면서 어린이의 대답을 강요하지는 않는다.
4	개별 활동 (Individual Work Time)	어린이에게 모델링을 보여 주고 아이들 스스로 혼자 해 보도록 한다. 이는 어린이가 배운 내용을 장기 기억으로 가져가게 할 수 있는 활동이다.
5	마무리 (Closing)	누가 재미있는 생각을 말해 줄 수 있는지 이야기를 나누거나 자기가 한 작업에 대해 소개하며 경험을 나눈다. 교사는 오늘 어떤 작업을 했는지 무엇이 재미있었는지 등 이야기를 하면서 마무리한다.

생각해 볼 문제

- 21세기 방법을 의사소통적 방법이라고 하는 이유에 대해 토의해 보자.
- 컨텐츠 기반 교육 방법 중 유아 영어교육에 적합한 특징에 대해 토의해 보자.
- 학습 주기(Learning Cycle)의 효과성에 대해 토의해 보자.

제 6 장

데일리 루틴(Daily Routine) 교수법

데일리 루틴(Daily routine) 교수법은 반복적 성격을 가지고 있다. 이는 매일 날씨, 달력, 기분 등 각기 다른 일상생활 언어 사용과 그 표현을 말하는 상호작용적 의사표현을 강조하는 점이 독특하다. 그리고 배운 것을 간단히 기억해 보고 반복함으로써 인지적 언어와 개념을 다시 형성하게 하는 점도 독특하다.

1. 배경

데일리 루틴의 배경 역시 컨텐츠 기반 교수법처럼 캐나다와 미국에 있다고 해도 과언은 아니다. 캐나다와 미국에서는 유치원과 초등학교를 중심으로 수년간 언어 교육의 방법으로 데일리 루틴을 활용하고 있다. 특히 1960년을 즈음하여 영어를 배우는 학습자는 물론 이민 인구도 증가되어 일상생활에 사용하는 언어 능력을 향상시켜야 하는 중요성을 인식하여 활용되는 방법이다. 현재는 캐나다와 미국의 많은 학교에서 데일리 루틴을 사용하고 있어 캘리포니아나 텍사스 주의 어느 학교에서든지 비슷한 교실 장면을 볼 수 있다.

데일리 루틴이란 문자 그대로 '매일매일 반복하는 일과' 라는 사전적 의미가 있다. 반복을 통해 어린이는 목표언어를 습득하는데, 바로 이것이 데일리 루틴의 목적인 것이다. 달력 활동을 위한 교구는 상업적으로 개발된 것이 다분하지만 거의 모든 학급에서 사용된다.

2. 관점

데일리 루틴이 담고 있는 철학은 어린이를 위한 상호작용적 방법으로 실시되기 때문에 다분히 구성주의적 측면이 있다. 또한 행동주의, 생득주의, 연결주의와 정보처리 그리고 상호작용주의에서 유출한 장점을 모두 취하지만 실제 생활 중심으로 이루어진다. 이를 간단히 살펴보기로 한다.

▣ 행동주의에서 유출한 것

우선 매일 반복한다는 의미는 먼저 행동주의에서 시작되었다. 어린이가 한 단어를 자기 것으로 하기 위해서는 70여 번 들어야 한다. 일찍이 행동주의에서는 같은 단어를 같은 방법으로 연습하게 하여 익히게 한다.

▣ 생득주의에서 유출한 것

크라쉔(Krashen, 1982)이 언급한 여러 가지 가설(정서적 필터 가설, 모니터 가설 등)에서 유출한 가장 기본적인 것은 편안하고 친숙한 정서적 환경을 마련해 주기 위한 것이다. 어린이는 압박감을 갖지 않는 환경에서 더 잘 배우며 정서적으로 안정감을 갖는다. 침묵의 자유도 존중된다. 어린이는 청각적으로 소리를 구분하기 위해서는 말없이 잘 듣는 긴 시간이 필요하다.

▣ 연결주의와 정보처리에서 유출한 것

사전 지식과 새로운 지식의 연결, 환경에서의 많은 정보를 입력받는다는 입장은 연결주의와 정보처리 이론에서 유출한 것이다. 어린이는 이미 알고 있는 지식에 의거하여 새로운 것과 연결 지어 지식을 쌓게 된다. 날씨를 말하는 경우, 기본적인 질문, 예컨대 What's the weather like today?는 같은 문장으로 매일 질문하지만 이에 대한 대답은 날씨에 따라 다르다. 즉, It's sunny 혹은 It's cloudy 등, 그날의 날씨에 따라 다르다. 교사가 처음에 이런 표현을 하고 질문을 했을 경우, 어린이는 듣고 의미를 알게 되고 교사나 친구들로부터 정보(옳은 표현)를 얻게 된다. 어린이는 차츰 어려운 표현으로 연결하며 이해하게 된다.

▣ 구성주의에서 유출한 것

데일리 루틴에서의 반복은 같은 것을 똑같은 방법으로 연습한다는 의미는 아니며, 다른 맥락에서의 반복을 통해 질문을 이해하는 것이다. 예컨대, 달력과 날씨에 대한 상호작용적 질문을 반복해 주는 것이다. 이때 교사-어린이, 어린이-어린이 간의 상호작용은 물론, 비계설정을 통한 상호작용은 어린이의 언어 습득을 위한 상호작용에 의거한다. 위에서 언급했듯이 어린이가 외국어 표현에 대해 한 번도 들어보지 못한 정보는 교사가 말을 해 주거나 올바른 표현을 할 수 있는 어린이와 상호작용을 할 때 어린이는 표현의 기술을 길러 가며 학문적 지식을 형성해 나아간다. 좀 더 어려운 표현(예컨대, Tomorrow will be Thursday, November 25.)은 교사-어린이 간의 상호작용과 비계설정으로 숙달되는 것이다. 데일리 루틴에서는 언어 습득에서 무엇보다도 중요한 요소를 상호작용에 두고 있다. 의미 있는 맥락에서 의사소통을 해 봄으로써 의사소통적 언어(BICS)와 학문적 언어의 능숙함(CALP)에 도달할 수 있다고 보는 것이다.

이렇듯 데일리 루틴은 지식의 구성적 측면이 있다. 다시 말해서 데일리 루틴에서는 이중언어 교육의 방법으로 매일매일 이루어져야 하는 것이지만 날씨가 다르고 기분이 다르듯 다른 방법으로 흥미 있는 방법으로 이루어지는 것이 특징적이다. 이 방법의 효과에 대해 매릴(Merrll, 2002)은 다음과 같이 몇 가지로 언급하고 있다.

① 개인적인 불안감을 나타내는 정서적 필터를 낮추어 제2언어를 습득하게 한다. 편안한 환경이 제공될 때 어린이는 자신들이 습득한 지식과 기술을 발현한다.
② 상호작용을 해보며 스스로 해볼 수 있는 기회를 경험한다.
③ 연구 결과, 제2언어의 학습자에게 특별히 더 효과적이다. 예를 들어, 활동이 점차 복잡해지면서 교사와 어린이, 또래와 또래 간의 제2언어 습득에 있어 필수적인 상호작용을 좀 더 자연스럽게 받아들이게 되는 것을 볼 수 있다.
④ 인사나 날씨를 말할 수 있는 생활에서의 의미 있는 맥락 안에서 어린이는 표현할 수 있는 언어를 배우기 시작한다.
⑤ 새로운 정보를 소개받는 상황을 통해, 어린이는 사전지식과 의미 있는 연결을 하게 된다.

거듭 강조하지만 어린이가 어떤 한 단어/구를 자신의 것으로 완전히 소화하기 위해서는 최소한 70여 번 이상 노출되어야 한다. 그러므로 데일리 루틴은 실제로 일어나는 의미 있고 재미있는 맥락에서 어린이에게 반복적 활동으로 언어를 습득하게 한다. 상호작용을 통해 의미 있는 언어를 구사하게 되는 구성적 과정이 중요한 것이다.

3. 교육 방법

앞에서 데일리 루틴은 '매일매일 반복적으로 하는 일과' 라고 말했다. 반복을 통해 어린이는 목표언어의 사용 기술을 습득하는데, 데일리 루틴은 매일하는 활동이지만 어린이의 발달에 맞게 인사, 날씨, 기분 등을 말하는 것으로 상호작용을 강조한다. 매일 하는 활동이기 때문에 반복적 특징이 있으나 날씨도 사계절에 따라 다르며 기분 역시 어린이에 따라 다르며 표현하는 언어의 질도 학기 초와 학기 말에 따라 다르기 때문에 다양한 방법으로 접근한다.

데일리 루틴의 활동은 8~15개의 작은 대화로 이루어진다. 총 20분 정도 진행된다. 각각의 작은 활동은 약 1~3분간 이루어진다. 매일 나누는 날씨에 대한 대화도 달력을 가지고 하는 활동이지만 3분을 넘지 않는다. 이런 짧은 활동은 사람들을 만나면 날씨에 대해 자연스럽게 이야기하며 사회적 상호작용 방법을 자연스럽게 습득하는 의미 있는 맥락으로 진행됨으로 유아기부터 대인관계의 방법도 익히게 된다.

데일리 루틴에는 두 가지 종류가 있으며 이는 각기 다른 특징이 있다.

1) 데일리 루틴의 종류

데일리 루틴의 종류로서 그 하나는 기본 루틴(Basic Routine)이며, 다른 하나는 컨텐츠 기반 루틴(Content-based Routine)이다. 이 두 가지는 이론적으로는 따로 설명되지만 실제로는 연속적으로 적용된다.

데일리 루틴(Daily Routine)
- 기본 루틴(Basic Routine)
- 컨텐츠 기반 루틴(Content-based Routine)

(1) 기본 루틴(Basic Routine)

일상생활에서 기본적으로 언급되는 날씨, 요일, 기분 이야기 등을 포스터(날씨, 달력, 기분, 알파벳 등과 같은 포스터)를 사용하여 매일 나누는 것이다. 날씨와 같은 것은 매일 이야기를 나누지만 날씨가 매일 맑은 것만은 아니며 흐린 날, 비 오는 날, 눈 오는 날 등이 있기 마련이다. 이런 날씨를 이야기하면서 어린이는 숫자, 요일, 시간에 대한 인식, 기후에 대한 개념 등을 습득해 간다. 이런 활동을 통해서는 커민스(Cummins, 1991)가 말하는 언어 능력 중에서 주로 기본적 대인 간 의사소통 능력(BICS: Basic Interpersonal Communication Skill) 혹은 생활영어 능력이 길러진다.

기분 포스터를 활용하여 오늘의 기분을 말해 본다. 예를 들어 "How do you feel?"과 같은 짧은 질문은 포스터의 그림을 사용하면서 happy, sad, tired, angry

등과 같은 감정을 표현할 수 있게 한다. 그리고 알파벳 포스터를 활용하여 알파벳을 익혀 나가는 낱자(A~Z) 찾기, 소리 등을 익히는 짧은 활동을 할 수 있다.

| Calendar, Weather, Feelings Poster |

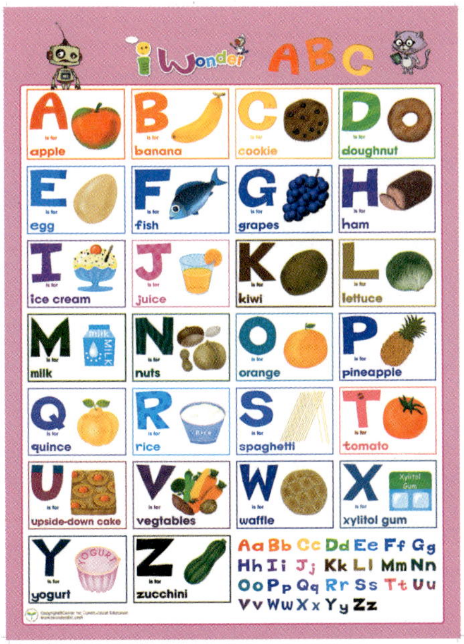

| Phonics Poster |

요약하면, 데일리 루틴은 다음과 같은 특징이 있다.

- 대그룹 활동
- 각각의 활동은 1~3분간의 짧은 활동
- 8~15개의 작은 활동
- 총 10~20분간 짧게 하는 활동

1 기본 루틴의 예

기본 루틴을 쉬운 것 → 어려운 것으로 변형하는 예를(편의상 8단계로) 살펴보기로 한다.

① 두 단어 구분 짓기

2~3번의 수업이 진행된 후에 어린이는 쉽게 단순한 문장을 이해한다. 보통 두 개 정도의 단어를 구분 지을 수 있게 된다. 이때 그림 카드나 몸으로 문장의 뜻을 이해하도록 한다. 어린이가 두 단어에 대한 것을 표현할 수 있으면, 좀 더 복잡한 내용을 추가하여 활동을 변화시킨다.

[그림 6-1] **감정 그림 카드**

② 상황 단서 줄이기

맥락상의 단서가 될 수 있는 것을 줄여 나가는 것이다. 이 경우 교사는 단순히 그림이나 혹은 얼굴 표정으로 이야기하는 것 등 단서를 줄여 나갈 수 있다. 예컨대, 다음과 같이 전개될 수 있다.

교사 : Show me a sad face.
(단서 줄이기 – 시각적 그림이나 몸짓을 하지 않는다.)

교사 : Show me a happy face.
(단서 줄이기 – 시각적 그림이나 몸짓을 하지 않는다.)

③ 어휘 추가하기

활동을 좀 더 어렵게 하기 위해 다른 기분의 어휘를 추가한다. 그리고 단어를 확장할 수 있다. 예를 들어 교사는 she/he 등의 대명사를 추가적으로 활용하여 "How does she feel?"과 같이 질문할 수 있다. 새 단어는 전체적인 맥락으로 익혀질 수 있다.

④ 질문 이해하기

어린이가 기본적인 어휘에 익숙해지면, 교사는 "How do you feel today?"라는 기본적인 질문을 할 수 있는 준비를 하게 된다. 이 질문은 다음과 같은 상황으로 주어질 수 있다.

교사 : How do you feel today?
(교사는 그림에 있는 느낌처럼 얼굴 표정을 지어 본다.)

어린이가 반응이 없다면 교사는 알고 있을 수도 있는 다른 어린이에게 질문할 수 있으며, 다음과 같이 물어볼 수도 있다.

교사 : How do you feel today?
(교사는 그림에 있는 느낌처럼 얼굴 표정을 지어 본다.)

교사 : Are you happy?
(어린이를 지적하고 행복한 얼굴 표정을 지어 본다.)

교사 : Are you sad?
(어린이를 지적하고 슬픈 얼굴 표정을 지어 본다.)

교사 : How do you feel today?
(어린이 하나를 지적하여 대답하라는 제스처를 한다.)

어린이가 어떻게 반응해야 할지 모른다면 옆에 있는 보조교사에게 질문할 수도 있다. 보조교사가 대답할 때 어린이는 적절한 얼굴 표현을 보면서 시각적인 단서를 얻을 수 있다. 다음과 같은 내용이 반복적으로 주어질 수 있으며, 이 내용을 이해할 수 있게 된다.

⑤ 기본 문장 패턴 학습

다음 단계에서는 "I am ________."라는 문장 구조와 패턴을 학습한다. 이것은 즉각적으로 문장을 완성하면서 활동할 수 있다.

교사 : How do you feel today? *(한 어린이를 지적한다.)*

아이 : Happy.

교사 : I feel happy.
(교사가 말한 표현-완전한 문장-을 반복해서 어린이가 대답해 보라는 제스처를 한다.)

반복되는 활동을 통해서 어린이는 완전한 문장으로 반응할 수 있게 된다.

⑥ 문장 패턴 변형

어린이가 간단하고 기초적인 질문에 반응할 수 있으면, 교사는 다른 형태의 질문으로 바꾸어 줄 수 있다. 예를 들면 다음과 같이 변형된다.

교사 : How do you feel today? *(한 어린이를 지적한다.)*

아이 1 : Happy. (sad, excited, angry, etc)

교사 : How does she feel today?
(질문에 대답한 어린이에게 다른 아이를 지적해 보이며 질문한다.)

아이 2 : Happy.

교사 : She's happy.

교사는 여러 번 이런 활동을 반복할 수 있다. 어린이가 어떻게 대답해야 할지를 모르면 교사는 간단한 답을 제공해 줄 수도 있다. 이 질문을 통해 'he' 와 'she' 의 차이를 알게 되고 기본적인 문장의 구조와 패턴을 배우게 된다. "'he' 는 남자다. 'she' 는 여자다."라고 해석해 주는 문법 번역식으로는 실제 상황에서 어떻게 사용하는지 알지 못하게 된다.

⑦ 문장 패턴 추가

교사는 기본적인 활동에 추가적인 질문을 선택하여 첨가할 수 있다. 각 질문은 적당한 단서와 맥락에 따라서 이루어질 수 있다. 어린이 혹은 다른 사람의 느낌에 관한 반응을 이끌어 내려고 할 때 사용할 수 있는 질문의 수에는 제한이 없다. 다음과 같은 기분에 관한 활동은 하나의 예이며, 다양성을 모두 보여 줄 수 있는 일련의 활동이 있을 수는 없다.

● **예 1**

교사 : How did you feel yesterday?

(기분을 나타내는 포스터나 기분이 나타나 있는 그림을 지적하며 질문한다.)

● **예 2**

교사 : How do you feel when someone hits you?

(마치 때리는 것과 같은 몸짓을 하며 질문한다.)

● **예 3**

교사 : How do you feel when it' s your birthday?

(생일파티의 그림을 보여 주며 질문한다.)

● **예 4**

교사 : How would you feel if someone gave you a present?

(선물을 주는 행동을 하며 질문한다.)

⑧ 참여 증대시키기

다른 방법은 어린이가 스스로 질문할 수 있도록 참여를 증대시키는 방법이다. 교사는 가능한 질문의 예를 제시해 줄 수 있으며, 어린이가 서로 같은 질문을 하게 할 수도 있다.

교사 : Please, come up here.

(앞으로 나오라는 제스처로 어린이 한 명을 지적하며)

교사 : Please, come up here.

(다른 어린이도 지적한다. 이때 남아/여아를 고려한다.)

교사 : Ask him/her how he feels.

(어린이를 마주 보게 한 후 질문한다. 먼저 나온 남아에게 나중에 온 여아에게 질문하라는 지시를 한다.)

아이 1 : How do you feel?
(실제로 어떻게 질문할지 말해 준다.)

아이 2 : I feel happy.

(2) 컨텐츠 기반 루틴(Content-based Routine)

컨텐츠 기반 루틴은 다양한 방법으로 내용을 복습하는 것이라고 해도 과언이 아니다. 며칠 전에 주제 학습(main lesson)에서 배운 개념(내용)을 다시 압축하여 간단히 반복해 준다. 이는 개념을 다시 상기시켜 줌으로써 목표언어를 습득하고 장기 기억으로 가도록 한다. 이런 활동을 통해서는 커민스(Cummins, 1991)가 말하는 언어 능력 중에서 인지학문적 언어능숙(CALP: Cognitive Academic Language Proficiency), 혹은 학문적 영어 능력이 확실하게 길러진다. 이를 기본 루틴과 구분하기 위해 컨텐츠 기반 루틴이라고 명명하며, 중요한 것은 이 루틴이 매일매일 하는 반복, 즉 데일리 루틴이라는 범주 속에 포함되는 것이다.

컨텐츠 기반 루틴은 이미 배운 것을 복습하는 의미가 있어 매일 배운 것을 추가할 수 있다. 익숙해지면 더 이상 지속하지 않는다.

아래 [그림 6-2]에서처럼 'Icecream'의 이야기를 가지고 컨텐츠 기반 데일리 루틴을 진행할 때 난이도에 따라 아래와 같은 방법으로 변형시킬 수 있다. 여기서는 지면 관계로 기본 루틴과 같은 자세한 과정을 제시하지는 않는다. 그러나 앞의 과정을 참조하여 다음 그림과 같은 방법으로 진행해 볼 수 있을 것이다.

월	화	수	목	금
Basic Routine -달력 -날씨 -기분 -파닉스	Basic Routine -달력 -날씨 -기분 -파닉스	Basic Routine -달력 -날씨 -기분 -파닉스	Basic Routine -달력 -날씨 -기분 -파닉스	Basic Routine -달력 -날씨 -기분 -파닉스
Content-based Routine	Content-based Routine Story Telling	Content-based Routine Story Telling Sound It Out	Content-based Routine Story Telling Sound It Out iWonder Dictionary	Content-based Routine Story Telling Sound It Out iWonder Dictionary Let's Make Ice Cream
Main Lesson	Main Lesson	Main Lesson	Main Lesson	Main Lesson
Story Telling 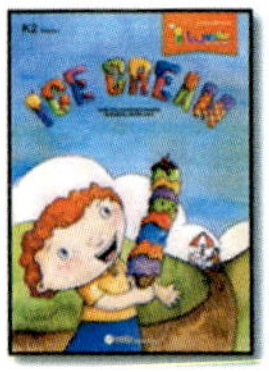	Sound It Out 	iWonder Dictionary 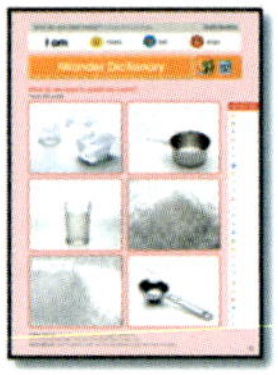	Let's Make Ice Cream 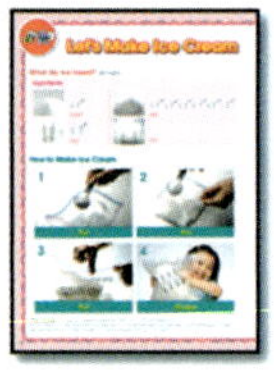	What happened? 

[그림 6-2] **컨텐츠 기반 루틴의 진행 방법**

- 자료를 보고 전체 내용 듣게 하기
- 부분적으로 짧게 듣게 하기
- 질문 듣고 이해하기
- 질문 듣고 이해한 것 표현하기
- 대답을 말할 수 있도록 하기
- 질문에 대답하기
- 단서를 사용하지 않고 질문하기

여기서 지적할 것은 데일리 루틴은 어디까지나 배운 내용을 다시 반복해서 짧은 활동으로 듣기/말하기를 위한 것이다. 따라서 또다시 길고 지루한 언어 습득 과정의 활동이 되지 않게 한다. 거듭 말하지만, 짧은 반복을 몇 가지 하며 개념 습득의 장기 기억을 돕도록 한다.

생각해 볼 문제

- 기본 데일리 루틴과 컨텐츠 기반 데일리 루틴을 구분해서 부모님들께 설명해 보자.
- 나의 기본 데일리 루틴을 녹화 · 분석해 보자.
- 나의 컨텐츠 기반 데일리 루틴을 녹화 · 분석해 보자.

제 7 장

전신반응 교수법 (Total Physical Response)

전신반응 교수법은 듣고, 말하는 성격을 가지고 있다. 처음 목표언어를 접하는 어린이에게 쉽게 게임처럼 활용될 수 있다. 듣기가 우선이고, 듣고 행동하도록 강조하는 점이 독특하다.

1. 배경

오랫동안 언어학자들은 언어를 신체 활동과 연관시키는 것이 합리적이라고 생각해 왔다. 전신반응 교수법(TPR: Total Physical Response)은 바로 이러한 이유로 학습자가 단어를 듣고 행하도록 고안된 방법이다. 다시 말해 "듣고 이해했으면 전신반응으로 보인다."(이완기, 1998)는 교수 방법인 것이다. 이해한 것을 행동으로 옮기는 것이므로 '이해접근법' 이라고도 한다. 어린이에게 적합한 언어교육 방법이 무엇인지 연구하는 부류에서는 전신반응 방법이 가장 적합하다는 의견을 수용한다.

2. 관점

나이 어린 어린이의 언어 발달적 특징은 듣기와 말하기이며, 한 단어 시기를 거쳐 두 단어 문장으로 발달되어 간다. 이런 발달적 특징을 고려한 것이 바로 전신반응 교수법이기도 하다. 같은 맥락으로 TPR을 개발한 애셔(Asher, 1997) 역시 어린이는 모국어를 배울 때 말하기에 앞서 주로 듣기에 치중한다고 보았다. 듣기에 대한 반응이란 손 뻗기, 잡기, 움직이기, 쳐다보기 등과 같은 신체적인 반응을 말한다.

애셔는 우뇌의 학습에도 관심을 가졌는데, 좌뇌에서 일어나는 언어처리 과정보다 운동 활동을 좌우하는 우뇌가 먼저 자극받는다는 것을 알아냈다. 또한 애셔는 언어 수업에 있어서 문제는 과도한 두려움이라고 보았다. 따라서 학습자가 스트레스를 받지 않으며 지나치게 자아를 의식하여 방어적 태도를 취하지 않도록 하는 방법을 고안해 낸 것이 바로 전신반응 방법인 것이다.

3. 교육 방법

애셔(Asher, 1997)의 주장에 의하면 TPR은 동사를 언어의 사용과 학습의 중심 모티브로 사용하는 것을 권장한다. 듣기를 강조하기 때문에 어느 정도 듣기를 한 후에 말하기로 넘어가야 할 것을 강조한다. 따라서 말하기에 충분한 준비가 되기까지는 듣기를 지속적으로 하며 신체적으로 반응을 보이도록 한다. 그러므로 처음에는 말하기를 강조하지 않는다.

TPR은 컨텐츠 기반 교수법 혹은 문법 번역식 교수법처럼 광범위하거나 어느 수준(학년)에서나 활용되지는 않는다. 오히려 나이 어린 어린이에게 적합한 것으로, 문자 그대로 대개 '전신반응'을 동반하는 것이므로 노래나 게임과 함께 활용되기도 한다. 전신반응 교수법은 처음에 동사로 시작하며 한 단어 → 두 단어 → 문장 등으로 확장한다. 명령어로 시작하며 게임 양상으로 이끌어진다.

애셔에 따르면 어린이에게 성취감을 느끼게 하는 것이 가장 중요하다. 따라서 교사는 새로운 명령어를 사용할 때 너무 빠르게 말하지 않도록 한다. 듣기 게임으로 전개하는 양상에서 즐거움과 동시에 성취감을 느끼도록 한다. 노래를 부를 때 손동작(손유희)을 하며 즐거움을 갖도록 한다. 이런 간단한 방법이 사용됨으로 라슨-프리만(Larsen-Freeman, 2000)은 TPR에는 '교수법' 이란 용어는 사용하지 않았다.

전신반응 교수법에서 교사는 어린이의 행동을 관찰하고, 어린이는 비언어적 모델을 모방한다. 대부분의 상호작용은 교사의 말하기와 어린이의 비언어적 반응으로 이루어진다. 어린이의 오류에 대한 교사의 반응에서 교사는 어린이의 오류에 대하여 관용적이고, 아주 중요한 실수만을 수정해 준다.

전신반응 교수법에서 사용되는 기술로 대표적인 것은 세 가지, 즉 명령/지시어 사용, 역할 바꾸기 그리고 순서에 따른 행동이다. 이를 간단히 살펴보자.

① 명령/지시어 사용하기

한 단어로 시작 → 짧고 간단한 문장으로 발전

1. 교사는 'Open' 이라는 단어 하나를 말하면서 창문을 연다. 이러한 동작을 말과 함께 몇 번 반복하면서 듣게 한다.

2. 어린이를 향해 "Open"이라고 말한다. 어린이는 교사가 한 행동처럼 창문을 열며 따라서 한다.
3. 다음에는 문장으로 말한다.

교사 : Jeanie, open the window. (어린이가 창문이 연다.)

교사 : Close the door. (어린이가 문을 닫는다.)

교사 : Stand up. (어린이가 일어선다.)

교사 : Pick up the book. (어린이가 책을 잡는다.)

② 복잡한 명령/지시어 사용하기

복잡한 지시문을 만드는 방법:

- 지시어를 연속적인 활동을 요구하는 문장으로 연결해서 명령하는 방법
- 과거형을 한 개 정도 현재형과 섞어서 사용하는 방법

이때 교사는 한번에 3가지 이상의 명령어를 사용하는 것은 좋지 않다. 어린이가 이 모든 명령어를 성공적으로 모두 성취하면 그때 3개 이상으로 확장할 수 있다. 첫째 날부터 긴 연속적 행동을 요구하는 활동을 명령하는 것은 좋지 않다. 익숙해지면 어린이는 점점 더 많은 목표언어를 배울 것이다.

▣ 연속적 명령어 사용하기

교사 : Put the duck on the chair.
(어린이가 의자 위에 오리를 올려놓는다.)

교사 : Draw a rectangle on the chalkboard.
(어린이는 칠판으로 가서 직사각형을 그린다.)

교사 : Walk quickly to the door and hit.
(어린이는 빨리 문으로 가서 친다.)

Walk slowly to the window and jump.

(어린이는 창문으로 천천히 걸어간 뒤, 뛴다.)

이 문장을 이해한 어린이는 아마도 웃을 것이다. 예측하지 못한 상황을 지시어로 제시할 때 언어 학습은 재미있다.

▣ 과거형을 함께 사용하기

교사 : Jane, walk to the blackboard.

(제인, 일어나서 칠판으로 걸어간다.)

교사 : If Jane walked to the blackboard, then, stand up.

(제인이 칠판으로 걸어갔으면, 나머지 어린이가 모두 일어난다.)

교사 : Jane, write your name on the blackboard.

(제인이 칠판에 이름을 쓴다.)

교사 : If Jane wrote her name on the blackboard, then, sit down.

(제인이 칠판에 이름을 쓰면, 나머지 어린이는 앉는다.)

③ 역할 바꾸기

'Nose, Nose, Nose' 게임, 'Simon Says' 게임 등과 같은 놀이를 할 때 교사가 먼저 시범을 보이기 위해 리더가 되어 어린이와 함께 활동을 한다. 익숙해지면 다음에는 어린이가 리더가 되어 게임을 해 본다. 애셔(Asher, 1997)에 따르면 어린이는 보통 10~20시간 이상 교육을 받게 되었을 때 말하기를 원한다고 했다. 어떤 어린이의 경우 더 시간이 걸릴 것이다. 어린이가 준비되기 전까지 말하기를 강요하지는 않는다.

Simon says 게임

Simon says "touch your eye."

Simon says "touch your ears."

생각해 볼 문제

- 전신반응 교수법(TPR)을 게임으로 실천해 보자.
- 전신반응 교수법(TPR)이 유아 단계에 적합한 이유에 대해 토론해 보자.

제 8 장

과업 중심 교수법 (Task-based Learning)

과업 중심 교수법(TBL: Task-based Learning)은 초등 수준의 어린이가 주제를 가지고 프로젝트에 접근하는 성격을 가지고 있다. 서로 아이디어를 내고 협동하여 정보를 찾고 정리하는 등 실제 생활과 밀접한 과업으로 문제를 해결하는 방안을 찾을 수 있는 점이 독특하다. 유아 단계에서는 쉬운 주제를 가지고 교사와 함께 프로젝트에 접근하는 방법으로 활용될 수 있으나 초등 단계에서는 자연스러운 교수 방법이다.

1. 배경

과업 중심 교수법은 하와이 대학(University of Hawaii)의 롱(Long) 교수가 사용한 것으로 유명하다. 그는 학습 과정을 의사소통적 과업의 한 집합으로 보았다. 과업은 교육과정의 목표와 직접 연계되어야 하며, 과업의 목적은 언어 자체를 위한 연습 이상이 되어야 한다고 보았다.

이 방법은 새로운 교수법이라기보다는 방법론적으로 과업에 초점을 두는 것이다. 과업에 관한 교수 형태는 학습을 증진시키는 과업, 예를 들어, 결말 개방형 과업, 구조화된 과업, 소집단 활동, 짝 활동 등이 있다. 이런 여러 가지 형태를 가지고 연구한 학자들(Skehan, 1998a, 1998b; Skehan & Foster, 1997, 1999; Williams & Burten, 1997; Willis, 1990)은 과업에 따른 학습자 요인(예: 역할, 능력, 수준, 유형)을 규정하고 목표 달성에 기여하는 요인들을 검토하려는 시도를 하였다. 유아 단계에서 과업 중심 교수법을 사용하기는 아직 인지적, 언어적으로 충분히 발달하지 않았기 때문에 어려운 점이 있다. 따라서 이 방법은 유아 단계에서보다는 초등학교 수준 어린이에게 더 적절한 것으로 인식되고 있다.

2. 관점

상호작용 이론에 근거를 둔다. 과업 중심은 교사보다는 어린이-어린이 간의 의사소통에 초점을 맞추는 상호작용을 강조하므로 유아 단계보다는 초등학교 단계에 적합한 것으로 알려지고 있다. 상호작용은 목표언어로 과제를 풀기 위한 의사소통에 초점을 맞춘다. 어린이-어린이 간의 구조화 과업을 이행하고, 이러한 과업은 교육 목표와 직결되며 역할을 강조한다. 따라서 상호작용에서는 교사-어린이의 상호작용보다는 어린이-어린이의 상호작용을 중요시한다. 어린이-어린이는 짝을 이루거나 소집단 혹은 집단 간 과업이나 퍼즐을 풀기 위해 활발한 상호작용을 해야 한다. 교사는 어린이에게 과업을 제시하고 어린이는 능동적 역할을 한다. 어린이가 질문하면 그래-아니(yes-no)와 같은 짧은 답을 한다. 그러나 도움을 요청하면 모델의 역할을 한다.

3. 교육 방법

목표언어를 학습하는 것을 목표로 하여 목표언어 사용을 강조한다. 교육과정은 과업을 해결하는 양상으로 이루어진다. 과업에서의 결론을 다른 그룹에게 전달하기 위한 요약/정리 및 의사소통을 강조한다.

과업 중심 교수법에서 사용되는 기술과 대표적인 교육 방법의 특징에는 다음과 같은 세 가지가 있다. ① 정보 찾기 활동, ② 의견 묻기 활동, ③ 추론하기 활동이다. 그 예를 살펴보면 각기 다음과 같다.

우선, 초등학교 이상의 단계에서 할 수 있는 활동의 예이다.

▣ 목 표 : 학교를 깨끗이 하자(Keep Our School Clean.)

학교 주변에 포스터/사인판을 만들어 학교 주변을 깨끗이 유지할 수 있도록 돕는 것이 최종 목적이다.

① 정보 찾기 활동

교사는 어린이에게 교실 주변을 둘러본 뒤, 정리 정돈 되지 않은 것들이나 더러운 곳이라고 생각되는 곳을 말해 보도록 한다. 어린이가 말한 것들을 리스트로 만든 뒤, 학교에서 가장 크게 문제되는 것들을 10개의 순위로 정리한다.

② 의견 묻기 활동

- 의견 묻기 1: 어린이에게 그룹을 만들어서 가장 흥미 있는 문제 3개를 설명하게 한다. 그리고 그 문제의 해결 방안을 리스트로 적어 제출하게 한다.
- 의견 묻기 2: 어린이는 다른 그룹들과 함께 문제 해결 방법을 나눈다. 그래서 가장 좋은 방법을 선정한다.

③ 추론하기 활동

교사가 샘플로 나눠 준 포스터/사인판에 기초하여 어린이는 학교 주변에 걸어 둘 포스터/사인판을 최소 2개 정도 만든다. 만든 포스터/사인판을 또래 어린이에게 보여 주고 피드백을 받아 다시 수정한다. 어린이는 최종적으로 만든 포스터/사인판을 학교 주변에 걸어 본다.

과업 중심 교수법을 유아기에 적용하기는 어렵지만 낮은 수준의 정보 찾기 활동, 의견 묻기 활동, 추론하기 활동 등은 가능하다. 다음이 유아 단계에서 할 수 있는 활동의 예이다.

● 정보 찾기 활동의 예

수수께끼 : 한 명의 어린이에게 단순한 동물을 하나 미리 그려 놓게 한다. 다른 어린이가 빈 종이와 색연필을 준비한다. 그림을 갖고 있는 어린이가 그림을 가리고 다른 어린이에게 그림에 대하여 설명하거나 그림에 대하여 질문을 받고 대답을 한다. 이때 무슨 동물인지 이름을 절대 밝힐 수 없고 색깔, 모양, 크기, 길이 등에 대하여 표현해 준다. 다른 어린이는 설명한 내용이나 답을 듣고 그림을 완성한다. 다 완성한 그림을 보고 비교한다.

Is it big or small?
What color is it?
Does it have a long nose?
Does it have big ears?
Does it have patterns?

● 의견 묻기 활동의 예

크리스마스에 산타가 되어 친구들에게 몰래 선물을 주려고 한다. 친구들이 받고 싶은 선물을 찾기 위해 어린이는 여러 가지 질문을 한다. 좋아하는 것, 싫어하는 것 등에 대하여 의견을 나눌 수 있다.

● 추론하기 활동의 예

주어진 기차표를 가지고 다른 도시에 가기 위해 가장 좋은 노선을 질문을 통해 찾는다.

과업 중심 교수법에서 강조하는 기술은 구어의 사용, 정확한 개념 습득을 위한 표현, 과업의 성취 등이다. 목표언어 습득을 위한 과업에서 모국어 사용은 권장하지 않는다. 따라서 목표언어를 사용한다.

평가는 어린이는 관찰함으로써 언어 능력을 평가한다. 어린이의 오류에 대한 교사의 반응이나 임무는 안내자로서 어린이의 상호작용을 살피다가 올바른 표현이 요구될 때 즉각적으로 피드백을 해 주는 것을 강조한다.

생각해 볼 문제

● 과업 중심 교수법을 유아기에 사용하기 어려운 이유에 대해 토의해 보자.

● 과업 중심 교수법을 유아기에 사용할 수 있는 예를 각자 생각해 보자.

제 9 장

의사소통 중심 교수법 (Communicative Language Teaching)

의사소통 중심 교수법은 행동주의 양상의 교수법이다. 청화식 교수법으로 알려지고 있어 짧은 시간에 문장을 암기하는 데에는 효과적일 수 있으나 창안적인 활동으로는 활용되기 어렵다. 역할극을 해야 할 때는 활용될 수 있는 점이 독특하다.

1. 배경

1970년대 후반부터 1980년대 초반에는, 학생들이 교실이라는 온실을 떠나 '바깥 세상' 으로 나갔을 때 연습하지 않은 언어를 사용할 수 있도록 하는 도구를 갖추어 주기 위해 의사소통 능력을 교육적으로 포함시키려고 노력하면서 청화식 교수법 대신 의사소통적 접근으로 변화하도록 만들었다. 이는 학생들이 언어 사용에 대한 규칙은 이해하고 있지만 실제 상황에서 올바르게 대화할 수 있는지에 대한 학자들의 의구심에서 시작하여 가장 합당한 교수법, 즉 교실에서 실제 상황의 모방이나 의미 있는 과업들을 실천하도록 하는 노력에서 기인된 것이기도 하다. 따라서 초기 하임즈(Hymes, 1971), 윌킨즈(Wilkins, 1976), 위도우손(Widdowson, 1978)에서 브라운(Brown, 2001) 등에 이르기까지 현기증이 날 만큼 연구와 적용 방법은 다양하다.

하임즈에 의하면, 의사소통 능력에는 언어적 능력뿐만 아니라 언제, 누구에게, 어떻게 사용하는 것이 적절한지에 대한 지식도 필요하다. 같은 맥락으로 윌킨즈는 약속하는 것, 초청하는 것, 초청에 대해 거절하는 것 등 사회적 맥락에서 의사소통이 필요하다는 것이다. 즉, 의사소통은 언어 능력 이상의 것을 필요로 한다.

2. 관점

위도우손은 어린이가 교실에서 정확한 문장을 구사할 수는 있으나 교실 밖의 실제 상황에서는 목표언어를 적절하게 구사하지 못하는 것을 알아냈다. 브라운은 의사소통적 언어 교수법이 내포하고 있는 방법이 다양하게 변화되었음을 지적하였다. 학습자 중심 지도, 협동 학습, 상호작용적 학습, 내용 중심 지도, 과업 중심 지도 등과 같은 온갖 바람직한 방법이 의사소통적 교수 방법에 포함되는 것으로 되어 왔다. 즉, 의사소통 중심 교수법에서 수업은 학습자 중심으로 진행되며, 어린이는 목표언어를 사용하여 협동 학습을 하며, 교사 또는 다른 학생과 상호작용하도록 기대된다. 그리고 내용 중심으로 의사소통에 들어 있는 문법적, 담화적 요소를 넘어서 내용 지식과 언어를 동시에 공부하게 한다. 또한 과업 중심으로 교육과정의 목표와 연결된 과업을 하며 문제 해결 활동에 참여하게 한다.

교사와 학생 간의 상호작용은 거의 없다. 학생-학생 간의 상호작용이 중요하고 짝, 소그룹, 대그룹 간의 상호작용이 활발하다. 따라서 여기서는 상호작용적 입장을 취한다고 할 수 있다.

3. 교육 방법

학생은 목표언어로 의사소통을 할 수 있다는 전제 아래 다양한 형식으로 말할 수 있어야 하며, 화자 간에 의미를 절충하는 과정을 다루는 교육 방법을 사용한다. 따라서 의사소통 중심 교수법에서 주로 강조되는 교육 활동의 대표적인 예로는 실제 자료(Authentic materials), 뒤섞인 문장(Scrambled sentences), 언어 게임(Language Games), 그림 자료로 이야기 만들기(Picture Strip Story), 역할극(Role-Play) 등이 있다.

이를 좀 더 구체적으로 살펴보면 다음과 같다.

① 실제 자료 활용: 신문 기사

- 신문 기사 읽고 이해하기
- 과거를 나타내는 단어/구 찾기
- 구조 이해하기/단락의 순서 맞추기

② 뒤섞인 문장: 문장 만들기

뒤섞인 단어를 가지고 올바른 문장을 만들어 본다.

> soared to The craft 10 feet an altitude of traveled 120 feet and landed 12 seconds take off after

③ 언어 게임: 같은 날짜 찾기

과거, 현재, 미래에 대한 이해를 위한 활동이므로, 사건과 날짜를 연결시킨다. 활동하는 중에 나누는 대화에도 중요성이 있다.

④ 그림 자료로 이야기 만들기

그림 띠 자료는 그림을 보고 이야기 만들기와 같은 것이다.

다음과 같은 그림을 보고 자유롭게 이야기를 만들어 본다. 이때 앞에서 다룬 과거, 현재, 미래 등 시간을 나타내는 단어를 사용하도록 한다. 그룹 활동으로도 가능한데 한 그룹에서 첫 번째 이야기를 짓고 다음 그룹에서 두 번째 이야기를 짓는다. 그 과정에서 첫째 그룹이 어떤 의미에서 이야기를 지었는지 협의하게 된다.

⑤ 역할극

이야기 말하기(Story Telling) 혹은 지은 이야기를 가지고 역할극놀이를 할 수 있다. 놀이를 하는 중에 어린이는 대화를 해야 한다.

모국어의 역할에 대해서는 적절한 사용을 허가하지만 의사소통 활동과 학생 간 활동 및 숙제를 할 때는 목표언어만을 사용하도록 한다(Larsen-Freeman, 2000).

교사의 역할은 촉진자로서 상황을 설정해 주고 교실에서 의사소통을 촉진시켜 준다. 교사는 또한 조언자로 학생의 질문에 답을 해 주며 그들의 활동을 모니터링 한다. 실수는 의사소통 기술 발달에 있어 자연스러운 현상으로 보기 때문에 교사는 실수를 적어 두었다가 다음에 수정할 수 있도록 한다.

✜ 생각해 볼 문제

- 역할극을 실시할 때 나타나는 의사소통 중심 교수법이 효과적인 점에 대해 토의해 보자.

제V부는 '제IV부 영어 교수법 I : 21세기 방법'의 후반부이다.

제V부를 20세기 방법으로 구태여 따로 묶은 것은 유아 단계에서는 중요하게 활용되지 않는 부분이기 때문이다. 그러나 영어 교수법의 전체적 맥락에서는 이해되어야 할 것이다. 제12장~제14장으로 청화식 교수법, 직접 교수법, 그리고 문법 번역식 교수법을 살펴 나간다.

제V부를 통해서는 20세기 영어교육 방법으로서 전통적 방법의 특징을 이해하게 될 것이다.

제 V 부

영어 교수법 II : 20세기 방법

제 10 장

청화식 교수법 (The Audio-Lingual Method)

1. 배경

제2차 세계대전이 발발하면서 세계는 전쟁에 내몰려졌으며, 미국인들은 영어와 다른 나라 말에 능통해야 할 필요가 생기게 되었다. 미국 국방부는 청각과 구두 기술을 강조하는 집중 언어 프로그램을 강조하게 되었다. 언어교육의 혁명이라고 할 만한 이 방법의 특징은 종래의 문법 번역은 사용하지 않으며, 구문, 회화 연습과 같은 구두 언어 연습을 강조하게 되었다. 이런 육군식 교수법이 성공하면서 외국어에 대한 관심은 교육기관들로 하여금 새로운 방법을 채택하게 하였다. 이 육군식 교수법이 1950년대에는 청화식 교수법으로 일컬어졌다.

청화식 교수법은 언어학과 심리학에 뿌리를 두고 있는 것이다. 즉, 프라이즈(Fries, 1945)에 의한 구조적 언어학의 원칙들이 적용되었고, 이후 행동주의 심리학의 원리들이 여기에 통합되었다. 따라서 목표언어의 문장 패턴을 익히는 것은 조건화를 통하여 이루어진다. 학습자는 모국어에서 가지고 있었던 습관을 뛰어넘어 목표언어에서 이루어져야 하는 습관을 형성하게 된다는 신념이다.

2. 관점

이 청화식 교육은 행동주의의 모방 훈련과 연습 방법을 채택하였다. 청화식 교수법은 직접 교수법과 같이 구어에 기초한 접근법이다. 따라서 어린이를 언어를 사용하는 상황에 노출시킴으로써 단어 획득을 강조하기보다, 문법적 패턴이 있는 문장을 연습시키는 것이다.

교사는 올바른 모델을 제시하는 오케스트라의 지휘자이다. 어린이의 언어 행동을 지시하고 조절하며 어린이는 모방을 통해 정확하고 빠르게 대답한다.

교수/학습 과정의 특징은 새로운 단어나 문형은 대화 형태로 제시하고, 대화는 모방과 반복을 통해 학습된다. 문법은 주어진 예를 통해 귀납적으로 학습된다. 읽기와 쓰기 연습은 대화에서 배운 구어 연습에 기반을 둔다. 문화에 대한 정보는 대화의 맥락이나 교사에 의해 제공되고, 상호작용 시 성공적으로 대답하면 즉시 강화해준다. 발음을 중요시하며 내용은 무시하는 경향이 있다.

3. 교육 방법

직접 교수법에서 사용되는 기술로 대표적인 방법은 다음과 같은 11가지가 있다. ① 대화 암기, ② 확장 연습, ③ 반복 연습, ④ 연쇄 연습, ⑤ 한 군데 대입 연습, ⑥ 여러 군데 대입 연습, ⑦ 변형 연습, ⑧ 문답 연습, ⑨ 최소 대립쌍의 이용, ⑩ 대화 완성하기, ⑪ 문법 게임이 있다. 이와 같은 청화식 교육법의 예로서 11가지의 실제 장면을 살펴보면 다음과 같다.

1 대화 암기

대화를 읽고 암기하도록 한다.

② 확장 연습

두 그룹으로 나누어 대화를 암기하도록 한다. 이때 한 그룹은 샐리(Sally)가 되고, 다른 그룹은 빌(Bill)이 되어 대화를 연습한다.

③ 반복 연습

두 그룹의 역할을 바꾸어 말하기 연습을 한다.

④ 연쇄 연습

어린이가 앉아 있는 순서대로 왼쪽에서 오른쪽으로 가며 대화를 줄줄이 암기하도록 한다. 예컨대, 첫 번째 어린이는 Good이라는 단어를, 두 번째 어린이는 morning을 말한다. 따라서 릴레이식으로 말하며 대화를 암기한다.

⑤ 한 군데 대입 연습

어린이가 익숙해진 후, 문장에 단어를 대입하는 방법을 소개하고 교사의 지시에 따라 연습한다.

⑥ 여러 군데 대입 연습

어린이가 좀 더 어려운 수준에서 교사의 지시에 따라 주어와 목적어를 대입하여 연습한다.

⑦ 변형 연습

교사는 오케스트라의 지휘자처럼 주어(예: I'm 등)와 목적어(예: market 등)를 엇갈리게 짚으면 어린이는 두 가지 변형을 생각하며 문장을 만들어 연습한다.

⑧ 문답 연습

교사가 질문하면 어린이는 대답한다.

9 최소 대립쌍의 이용

학습되어야 할 발음을 짝을 지어 연습한다. 어린이가 익숙해지면 입의 모양을 보지 않고도 소리만으로 1의 소리인지 2의 소리인지 구분하는 연습을 한다.

10 대화 완성하기

교사가 문장의 일부분을 말하면 어린이는 문장을 완성한다.

11 문법 게임

어린이 8명을 앞으로 나오도록 한다. 두 그룹을 만들어 각각 4명이 한 조가 되도록 한다. 교사는 지시를 한다. 각 그룹에서 다음과 같은 말을 빨리 전달하는 게임을 한다. 뒷사람에게 그리고 앞사람에게 다시 말을 전달하도록 한다. I'm → she's → he's → they're → he's → she's → I'm. (they're 대신 you're로 바꾸어 해 본다.)

목표언어를 반복적으로 암기하여 자동적으로 사용할 수 있는 습관을 형성하기 위해 다음과 같은 것을 강조한다.

- 상호작용: 대부분의 상호작용은 교사와 어린이의 상호작용으로 이루어지지만, 상호작용은 주로 교사에 의해 주도된다.
- 음운 체계와 문법 패턴을 완전히 익힌다. 수업은 자연 언어 습득의 순서대로 듣기, 말하기, 읽기, 쓰기 순으로 제시되고, 구어 기술이 가장 주목받는다.

생각해 볼 문제

- 청화식 교수법을 유아기에 적용했을 때 나타날 수 있는 부정적 영향에 대해 토의해 보자.

제 11 장

직접 교수법 (The Direct Method)

1. 배경

문법 번역식 교수법이 목표어로 의사소통하기에 효과적이지 못하다는 반발에서 목표어로의 의사소통을 중시하는 직접 교수법이 유행하게 되었다. 직접 교수법을 창시한 학자는 독일의 버리츠(Berlitz, 1987)로 알려져 있다. 직접 교수법의 기본 전제는 자연주의적 접근으로, 제2언어 학습은 제1언어 학습과 비슷해야 한다는 것이다. 즉, 많은 구두 상호작용은 목표언어로 하며, 언어의 자발적인 사용, 특히 일상 어휘와 문장을 가르친다. 따라서 직접 교수법에서는 두 언어 간의 번역은 배제한다. 그리고 정확한 발음과 문법을 강조한다.

이 방법은 20세기 초에 인기를 누렸다. 소그룹과 원어민 교사를 채용하는 학원에서 널리 사용되었지만 공공학교에서는 별로 받아들여지지 않았다. 이 방법은 작은 규모로 학급이 운영되고, 목표언어를 구사하는 교사를 구하기 어려운 등의 요인으로 인해 성공을 거두지 못했다. 이 때문에 문법 번역식이나 읽기 중심 교육법으로 돌아갔다. 20세기 중엽에는 이 방법과 유사한 청화식 교육법을 낳게 했다.

2. 관점

교사 중심으로 교사와 어린이 간 상호작용을 하며, 어린이-어린이 간 상호작용도 존재한다(Larsen-Freeman, 2000)는 것으로 상호작용의 모습이 존재한다. 그러나 연습을 강조하고 있어 그 철학적 배경은 행동주의에 두고 있다.

3. 교육 방법

목표언어로 의사소통을 한다. 어린이는 목표언어로 의사소통하는 방법을 배워야 한다는 데 교육 목표를 두고 있다(Larsen-Freeman, 2000). 따라서 교사는 활동을 지도하지만, 어린이는 능동적인 역할을 한다. 강조되는 언어 영역과 기술은 구어 의사소통, 문법보다 어휘를 강조하고, 정확한 발음을 중요시한다.

직접 교수법에서 사용되는 기술로 대표적인 것은 다음과 같은 9가지가 있다. ① 본문을 큰 소리로 읽기, ② 목표언어로 질문과 대답하기, ③ 어린이의 자가 수정 유도, ④ 대화 연습, ⑤ 빈칸 채우기, ⑥ 받아쓰기, ⑦ 지도 그리기, ⑧ 글쓰기, ⑨ 속담에 대한 토론을 한다.

이와 같은 직접 교수법 예로서 실제 장면을 살펴보면 다음과 같다. 아래 제목은 한글로 기재했으나 이 교수 방법에서는 모두 영어를 사용한다.

1 본문을 큰 소리로 읽기

본문을 함께 혹은 개인적으로 큰 소리로 읽는다.

2 목표언어로 질문과 대답하기

본문의 내용을 목표언어로 질문하고 대답한다.

③ 어린이의 자가 수정 유도

교사가 상호작용하면서 어린이가 실수를 스스로 수정할 수 있게 한다.

④ 대화 연습

목표언어를 사용하여 일상 대화를 연습한다.

⑤ 빈칸 채우기

어린이가 글의 빈칸에 알맞은 단어를 써 넣도록 한다.

⑥ 받아쓰기

교사가 내용을 읽어 주면 어린이가 내용을 듣고 받아쓴다.

⑦ 지도 그리기

어린이에게 미국의 지도를 그리게 한다.

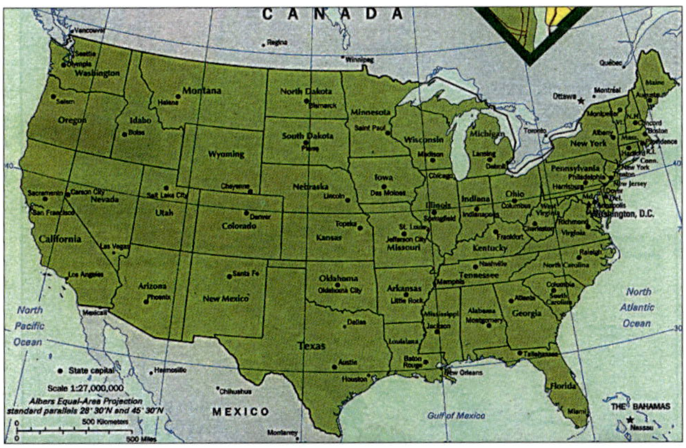

⑧ 글짓기

어린이에게 과제를 준다. 미국 지도를 보며 동쪽, 서쪽에 있는 바다의 이름을 묻는다. 동쪽에 있는 산맥의 이름도 묻고 위의 본문에 나타난 것과 같이 지도를 그리고 글을 지어 보도록 한다.

⑨ 속담에 대한 토론

방향 등과 관련된 속담의 의미에 대해 토론한다.

직접 교수법에서 강조하는 점은 다음과 같다.

- 교수/학습 과정의 특징: 실물, 그림, 몸짓 등을 통해 목표언어와 의미를 직접 연결한다. 모국어를 사용하지 않고, 어린이는 실제 상황에서처럼 목표언어로 의사소통한다. 교육과정은 상황이나 주제 중심으로 구성되고, 문법은 귀납적으로 학습한다. 새로운 어휘는 완전한 문장 속에 포함시켜 연습한다. 어린이의 오류에 대한 교사의 반응에서는 되도록 자가 수정을 하도록 유도한다.
- 언어와 문화에 대한 관점: 언어는 주로 문어가 아닌 구어가 중심이 된다. 어린이는 일상의, 매일매일의 대화, 문화, 역사, 지리 등과 관련된 내용을 배운다.
- 평가: 언어에 대한 지식이 아닌 구어를 평가한다. 구어의 인터뷰와 문장 쓰기에 있어서 자신들의 언어를 사용하도록 한다.

생각해 볼 문제

- 직접 교수법을 유아기에 적용했을 때 나타날 수 있는 부정적 영향에 대해 토의해 보자.

제 12 장

문법 번역식 교수법 (The Grammar-Translation Method)

1. 배경

여러 세기 동안, 특히 서구에서 '외국어'를 배운다는 것은 라틴어나 그리스어를 학습한다는 뜻이었다. 그리고 중세의 전통적인 언어였던 라틴어와 그리스어를 가르치는 데 사용된 방법은 '전통적인 교수 방법(Classical Method)'이라고 알려져 있다.

전통적 교수법은 18세기의 고전적 교수법으로서 외국어 교수의 주된 수단으로 이용되었으나 말하기를 가르치는 것이라고는 생각지 않고 읽기 능력을 위한 것이 주였다. 따라서 제2언어 습득에 대한 연구는 없었다. 19세기에 이르러서 고전적 교수법은 문법 번역식으로 알려지게 되었다. 18세기의 방법과 다른 것은 없었으나 외국어를 모국어로 번역하기에 초점을 맞추었다. 20세기로 넘어오면서 언어교육 방법의 개혁이 시도되었으나 외국어를 읽고, 문학작품을 감상하기 위한 목적으로 계속 사용되었다. 즉, 어린이가 목표언어를 사용하기보다는 외국어를 학습함으로써 정신 훈련이나 기능을 향상시키는 데 도움이 되는 방법으로 사용되었다.

2. 관점

읽기 능력을 가르치기 위해 성인 중심의 교육 방법을 사용한다. 이런 양상은 행동주의에서 발견되는 것이다. 상호작용의 양상, 특히 교사와 어린이 간에는 전통적 역할에 따라 상호작용한다. 그러나 어린이-어린이 간의 상호작용은 거의 없다. 교사는 교실에서 권위자의 역할을 하고, 어린이는 교사가 말하는 것을 배우는 역할을 한다. 어린이와 교사는 전통적인 역할 분담을 한다.

3. 교육 방법

문법 번역식 교육의 목표는 목표언어로 된 문학작품을 읽을 수 있도록 하는 것이다. 교수/학습 과정의 특징으로는 목표언어를 모국어로 번역하도록 학습하고, 목표언어로 된 문학작품을 번역함으로써 문학을 학습한다. 그리고 문법 규칙을 추론한다. 문법과 단어를 암기하고 연습하며, 동사 활용과 같은 문법적 어형 변화를 학습한다. 암기할 때 목표언어와 모국어의 단어를 일치시킨다.

문법 번역식 교수법에서 사용되는 기술로 대표적인 방법은 다음과 같은 9가지를 강조한다. ① 문학작품의 번역, ② 독해 이해의 질문, ③ 동의어/반의어, ④ 어원 학습, ⑤ 문법의 추론적 적용, ⑥ 빈칸 채우기, ⑦ 어휘와 문법 암기, ⑧ 문장에서의 단어 사용, ⑨ 작문장에서의 구 사용.

문법 번역식에서 주로 사용하는 자료는 문학작품이나 텍스트를 사용한다. 위에서 말한 문법 번역식의 예로서 9가지의 실제 장면을 살펴보면 다음과 같다.

Once upon a time, there were four friends-a pig, a duck, a cat, and a red hen.

The red hen had three little baby chicks.

One day, the red hen was pecking in the ground, and found some seeds.

She went to her three friends and asked.

"Who will help me plant these seeds?"

"Not I," said the pig.

"Not I," said the duck.

"Not I," said the cat.

The seeds sprouted and grew into large stalks.

Then the red hen asked her three friends.

"Who will help me cut these stalks?"

"Not I," said the pig.

"Not I," said the duck.

"Not I," said the cat.

위와 같은 문장을 어린이에게 소개하고 다음과 같은 교수-활동을 한다.

- 문학작품의 번역
- 독해 이해의 질문
- 동의어/반의어
- 어원 학습
- 문법의 추론적 적용
- 빈칸 채우기: 규칙의 연역적 적용과 비슷하지만, 좀 더 쉽게 예를 제시하고 적

절한 단어를 골라 빈칸을 채운다.

- 어휘와 문법 암기: 명사, 동사나 문법을 암기한다.
- 문장에서의 단어 사용
- 문장에서의 구 사용

구어보다 문어가 우선시되므로, 어린이도 문어를 중심으로 학습한다. 단어와 문법을 강조한다. 독해와 쓰기 기능은 학습할 때 가장 우선시되는 기술이지만, 말하기와 듣기는 거의 하지 않고, 발음 학습도 거의 없다.

대상 언어를 번역함으로써 의미를 명확하게 해 주며 수업 시간에 거의 모국어를 사용한다.

평가에서는 번역하는 쓰기 테스트를 한다. 문화에 대한 질문과 문법 규칙을 적용하는 질문으로 평가한다. 즉, 맞는 답을 말하는 것이 중요하며 틀린 답을 하면 교사가 맞는 답을 보충해 준다.

생각해 볼 문제

- 문법 번역식 교수법을 유아기에 적용했을 때 나타날 수 있는 부정적 영향에 대해 토의해 보자.

제VI부에서는 시대의 변화에 따라 달라지는 멀티미디어 자료의 활용에 대한 것을 그림책과 그림책이 아닌 것으로 구분하여 살펴본다. 즉, 종이책과 인터넷 독서 프로그램, 인터넷 프로그램 및 앱으로 나누어 살펴본다.

멀티미디어를 영어교육에 적용하는 입장에서는 비고츠키(Vygotsky, 1968)의 ZPD(Zone of Proximal Development)를 인용한다. 즉, '문학에 기초한 읽기'에 응용한 프로그램에서 읽을 수 있는 범위의 영역에서 다양성이 있으며 조금 높은 수준의 도서를 제공할 때 최적의 성장 결과를 가져온다는 입장이다(The Institute for Academic Excellemce, 1998). 이는 구성주의의 입장으로서 미디어를 활용하여 흥미, 실험, 협동, 그리고 지적 관계 구성에 도움을 준다는 입장과 흡사하다.

제 VI 부

영어교육 자료 활용 방법

제 13 장

교수매체의 종류와 활용

1. 교수매체의 의의

유아교사는 교실 내에서 많은 교수매체를 사용하여 유아과 상호작용한다. 간단한 그림 자료, 융판, 그림책부터 시작하여 요즘에는 컴퓨터, TV, 프로젝터 등과 같은 다양한 매체가 유아가 학습 내용을 이해하고 교육 목표에 도달하는 데 많은 도움을 준다.

유아 교수매체는 크게 좁은 의미와 넓은 의미 두 가지로 살펴볼 수 있다. 좁은 의미로는 교사와 유아 간에 서로 정보를 전달하는 매개체를, 넓은 의미로는 수업 과정에 동원되는 학습 자료를 포함하는 모든 교육 환경을 일컫는다. 이 넓은 의미에는 교사의 교수 방법이나 학습 분위기 등 교육을 둘러싼 모든 환경이 포함된다(권옥자, 배인자, 유혜숙, 윤애희, 정은주, 1998).

요즈음에는 하루가 멀다 하고 수많은 교수매체가 개발되어 교실 안에서 사용되고 있다. 예전에는 유아교사가 교육부나 출판사 같은 곳에서 만든 교수매체를 위주로 수동적으로 사용했다면, 현재는 수많은 인터넷 자료부터 교사의 스마트 폰까지 그 내용과 기기가 다양해져서 교사가 상호작용적으로 많은 매체를 이용할 수 있게 되었다. 과거에 비해 클릭 하나로 수만 개의 자료를 구할 수 있는 시대가 온 것이다.

이 장에서는 유아 영어교육에서 왜 교수매체가 중요한지 그 중요성을 알아보고 다양한 교수매체의 종류 및 선택 기준에 대해 알아보도록 한다.

2. 유아 교수매체의 중요성

유아 교수매체의 중요성은 교수매체를 사용하지 않고 교수하는 상황을 생각해 보았을 때 매우 쉽게 정리된다. 특히 유아가 많이 접하지 않은 새로운 언어를 교수매체 없이 가르친다고 생각해 보자. 영어로 간단한 'apple' 이란 단어를 아무 매체 없이 전달한다고 가정해 보자. 어떻게 전달할 수 있을까? "It's a fruit. It is red outside and light yellow inside. It is round. It is sweet. It smells good!" 이렇게 아무리 많은 말로 유아에게 설명한다고 해도 유아가 이 개념을 받아들이기는 아주 어려울 것이다. 하지만 사과 하나를 들고 와서 유아에게 보여 주며 "This is an apple. Apple!" 이라고 말을 한다면 어떨까? 유아는 사과를 보는 순간 본인이 알고 있는 지식을 사용해서 'apple' 이라는 단어와 연관 지을 것이다. 교사가 사과를 코 가까이 가져가 냄새를 맡고 "It smells good!" 이라고 외치고 유아와 한 조각씩 나누어 먹으며 "It is sweet!" 이라고 말한다면 어떨까? 유아에게 직접 보고 만질 수 있는 교수매체는 매우 중요하다. 유아는 교수매체를 통해 쉽고 적극적으로 배울 수 있다. 좀 더 자세히 교수매체의 중요성을 정리해 보면 다음과 같다(심성경, 조순옥, 변길희, 김나림, 최대훈, 박주희, 2007).

첫째, 교수매체는 유아에게 일어나는 모든 상호작용의 질을 결정하는 데 중요한 역할을 한다. 교실에서 일어나는 교사-유아, 유아-유아, 유아-매체 간의 상호작용은 많은 부분 매체를 통해 일어난다. 따라서 매체의 질은 상호작용의 질에 결정적인 역할을 하며 다양한 매체를 통해 더 풍부한 상호작용이 일어날 수 있도록 한다.

둘째, 적절한 교수매체는 유아로 하여금 자발적으로 활동할 수 있도록 하기 때문에 교육 효과를 높여 준다. 텅 빈 교실과 유아의 발달에 적합한 교수매체가 많은 교실 두 가지를 생각해 보자. 어떤 교실에서 유아의 자발적인 활동이 더 많이 일어날까? 답은 당연히 후자일 것이다. 유아는 본능적으로 매체를 탐색하고자 하는 욕구를 가지고 있기 때문에 매체를 통해 학습에 대한 자발적 동기를 가질 수 있고 더 재미있게 학습할 수 있다.

셋째, 유아는 교수매체를 활용하면서 활동 내용에 대해 명료하게 이해하게 되고 효과적인 방법을 탐색하며 더 깊이 탐색하고 싶은 동기를 가지게 되어 활동을 심화, 확대하는 데 중요한 역할을 한다. 유아는 교사의 말이나 추상적인 설명보다는 시각과 청각, 때로는 후각과 미각까지 동반한 교수매체를 통해서 훨씬 명료하고 구체적인 정보를 획득하며 효과적인 학습을 할 수 있다. 그리고 이 과정에서 활동은 자연스럽게 심화되고 확장된다.

넷째, 유아는 교수매체를 통한 상호작용을 통해 언어와 감각을 발달시킨다. 유아는 다양한 매체를 만지고 조작하고 탐색하면서 여러 가지 신체감각을 발달시키고 또 이 과정에서 일어나는 상호작용을 통해 언어를 효과적으로 발달시킬 수 있다.

다섯째, 유아는 교수매체를 활용하는 과정에서 규칙을 배우고 협동하는 방법을 배우게 된다. 유아에게 적절한 교수매체는 유아 간에 서로 상호작용이 일어나도록 하며 이 과정에서는 갈등이 일어날 수 있다. 유아는 갈등을 해결하기 위해 스스로 규칙을 만드는 경험을 하고 협동하여 문제를 해결하는 능력을 기를 수 있다. 또한 매체를 사용한 후에 정리 정돈 하는 방법까지도 배우게 된다.

여섯째, 유아는 다양한 교수매체와 상호작용하는 과정에서 창의성, 예술성, 표현 능력을 기른다. 유아를 위한 좋은 교수매체는 일방적이지 않으며 유아로 하여금 생각하도록 하고 호기심을 갖게 하며 스스로 확장할 수 있도록 개방적으로 구성되어 있다. 이러한 교수매체와의 상호작용은 유아의 창의성과 예술성을 신장할 수 있도록 도와준다.

교수매체는 이처럼 유아의 학습과 발달에 있어 매우 중요한 역할을 한다. 또한 학습을 계획하는 교사에게도 많은 부담을 덜도록 도와준다. 교사는 매체를 사용하면서 쉽고 효과적으로 내용을 소개할 수 있고 교수에 소요되는 시간을 줄일 뿐만 아니라 교수의 재미를 더한다.

3. 유아영어 교수매체의 종류

1) 그림책

그림책에는 시대 변화에 따라 나타난 오프라인 그림책과 온라인 그림책이 있다. 종이책자는 오프라인 자료이지만 혹자는 올드미디어(Old media)라는 틀에 집어 넣기도 한다. 반면 인터넷이나 태블릿으로 활용되는 온라인 그림책 자료는 뉴미디어(New media)로 구분되기도 한다. 그림책은 오프라인에서 사용되기도 하지만 온라인 독서 프로그램에서도 문학 자료와 정보책자로 사용한다.

따라서 그림책 자료를 교육에 적용하는 측면을 생각할 때, 크게 두 가지 종류로 언급된다. 즉, 이야기와 이야기가 아닌 것으로 구분한다. 이야기(fiction)가 주를 이루는 것으로는 옛이야기, 창작동화, 신화, 역사소설, 명작소설(고전), 인물 이야기 등이 있다. 반면, 비소설로(non-fiction)서는 정보책이 있는데 여기에는 과학, 역사, 경제, 문화, 철학 등 주제별 분류가 가능한 책으로 구분한다. 더욱이 2014년 교육정책의 변화(예: 미국의 CCSS: Commin Core State Standards)로 언어·수학에서도 세련되고 균형 잡힌 테스트(Smarter-Balanced Test)를 강조하는 측면이 있어 비소설을 전보다 더 강조하게 되었다.

- **Fiction**
  이야기(옛이야기, 창작동화, 신화, 역사소설, 명작소설, 고전소설, 인물 이야기 등의 책
- **Non-fiction**
  정보 중심(과학, 역사, 경제, 사회, 문화, 철학 등 주제별 분류가 가능한 정보책)

위에서 언급한 문학 자료의 종류에 따라 읽기도 두 가지로 나누어진다(Rosenblatt, 1978). 그것은 심미적 읽기와 돌출성 읽기이다. 심미적 읽기에서 유아는 감상하고 상상하고 즐기면서 그림과 글을 읽으며 저자들과 교류한다. 즉, 유아는 그림과 내용이 좋은 그림책을 보고 즐거워하며 상상하고 더 나아가 창안적 생각도 펼쳐 나아가게 된다.

반면, 돌출성 읽기에서 유아는 정보가 담긴 개념 책을 읽거나 신문에 난 기사의 그림을 보고 정보를 얻고 지식을 구성한다. 즉, 동물에 대한 그림책을 읽으며 집짐승과 들짐승에 대한 정보 혹은 지식을 구성하게 된다. 멧돼지가 농가에 나타나 농작물을 먹었다는 기사와 그림을 보고 산에 사는 돼지의 특징과 그 생김새를 알게 된다. 돌출성 읽기는 심미적인 것보다는 정보를 얻거나 지식을 알게 하는 특징이 있어 신문의 사진이나 돌출적인 제목만으로도 정보를 얻을 수 있다.

문학 자료를 활용하는 독서 지도는 유아의 연령에 따라 다르다. 즉, 발달적으로 유아기에는 주로 심미적 읽기를 즐기기 때문에 이를 주로 하며, 이에 더하여 돌출성 읽기도 하도록 한다. 이런 입장으로 전개된 것은 독서 프로그램에 잘 나타나 있다.

좋은 그림책을 영어교육에 활용하기 위해서는 거미줄 모형으로 다학문적 접근의 계획을 한다. 이를 위해서는 문학책이 사용되는데 주로 종이책자이며, 오프라인에서 사용된다. 예컨대, 「*Brown Bear Brown Bear, What Do You See?*」와 같은 것이다. 또한 EFL 환경에서 사용하기 좋은 문학책은 다음과 같은 기준을 갖고 있다.

① 반복되는 문장 패턴이 있다.
② 예측 가능한 문장이 있다.
③ 처음 영어를 접하는 유아에게 적합하다.
④ 3세 유아의 언어 발달 수준에 적합하다.
⑤ 확장 가능한 어휘로 유도하는 그림이 있다.
⑥ 확장 가능한 내용으로 유도하는 내용이 있다.

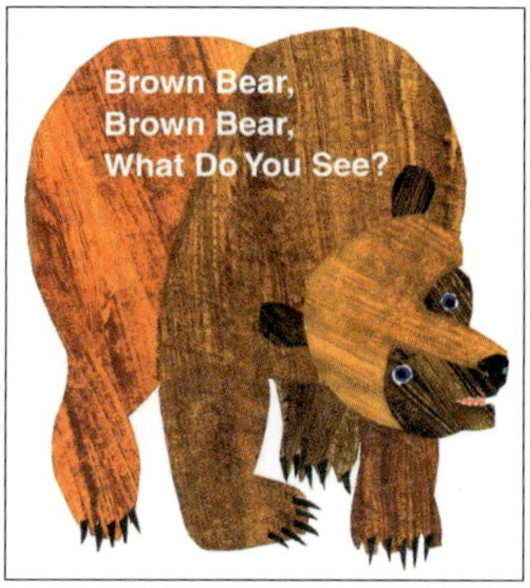

이 외에 유아 단계에서 활용할 수 있는 문학 자료는 알파벳 그림책, 번역 그림책도 소개할 수 있다. 알파벳의 경우, 소개하는 개념보다 설명하는 내용이 어렵기 때문에 오히려 번역 도서를 활용하는 것이 더 바람직한 경우도 있다. 예를 들면 『치카치카 붐붐』과 같은 그림책은 번역 그림책이 알파벳의 생김, 이름, 순서와 같은 개념을 더 빨리 전달해 줄 수 있다. *Alphabatics*와 같은 글 없는 그림책은 영어의 알파벳을 소개하며 창안적 생각을 함께 다루어 주기 때문에 어린이의 사고를 확장시킬 수 있는 좋은 자료로 활용될 수 있다.

▣ 번역 그림책

| 치카치카 붐붐(Chicka Chicka Boom Boom) |

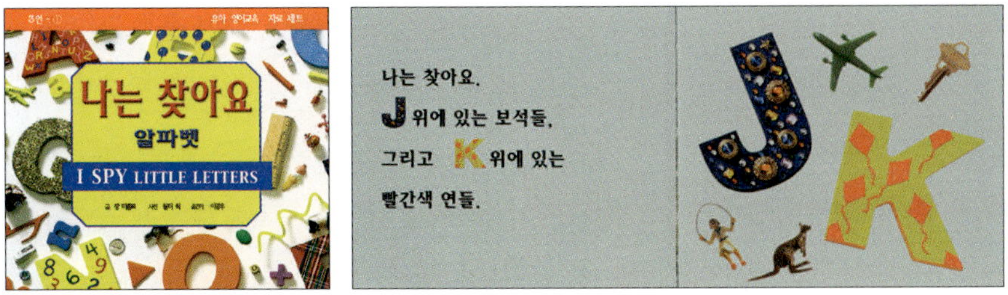

| 나는 찾아요 알파벳(I Spy Little Letters) |

| Alphabatics |

| The Very Hungry Caterpillar |

| Growing Vegetable Soup |

| Freight Train |

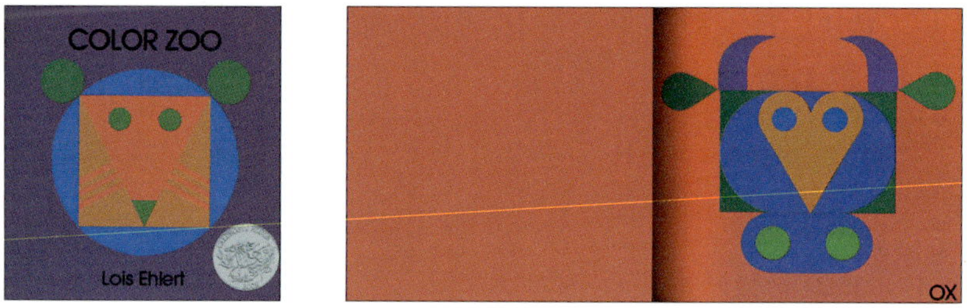

| Color Zoo |

2) 그림 자료, 글자 자료, 융판 자료, 자석 자료, 포스터

(1) 그림 자료, 글자 자료, 융판 자료, 자석 자료

유아 교수매체의 가장 일반적인 자료로는 그림 자료를 들 수 있다. 그림 자료는 가장 일반적인 2차원적 시각 자료로서 교사가 직접 그린 그림, 인터넷에서 다운받은 그림, 잡지나 화보에 실린 그림, CD 컷 자료집 등에서 얻은 그림 등이 있다. 또한 이 외에도 글자 자료나 융판, 자석에 붙일 수 있는 자료들도 많이 사용되고 있다. 융판이나 자석 자료는 유아가 직접 붙였다 떼었다를 하며 재미있게 활동할 수 있고 또 교사가 유아의 이해도를 평가하기 위해서도 많이 사용된다.

이러한 자료들은 구하기 쉽고 제작하기 용이하다는 장점이 있으며 보관하기에도 적합하다. 또한 시간과 공간을 초월한 자료로 활용할 수 있으며 학습 목표를 위해 필요한 이미지만을 강조하여 연출할 수 있다. 반면에 그림 자료는 동작의 움직임을 표현하기 힘들고 이미지의 실제 크기를 가늠하기 힘들며 사물의 깊이나 거리, 원근감에 대한 이해가 어렵다는 단점이 있다(김정희, 2009).

(2) 포스터

그림, 글자, 융판, 자석 자료 외에도 다양한 포스터가 많이 활용되는데, 특히 매일 이루어지는 데일리 루틴은 포스터를 견고하게 만들어 활용하면 좋다. 이 외에도 유아가 배운 노래 포스터나 기본 생활 습관을 담은 포스터 등은 게시해 놓고 필요할 때마다 유아에게 환기시킬 수 있다.

3) 입체적 교수매체

유아를 위한 입체적인 교수매체로는 실물, 모형, 인형, 그룹 게임 등을 들 수 있다.

(1) 실물

실물은 실제 물건 자체를 말하는 것으로 단순히 시각이나 청각만이 아닌 촉각, 후각, 미각까지 오감각을 이용하는 경험을 준다는 점에서 매우 가치 있는 매체이다. 특히 추상적인 개념을 이해하기 힘든 유아는 감각을 통해서 경험해 보며 많은 것들을 배울 수 있다. 음식이나 곡물, 다양한 곤충이나 작은 동식물 등은 실물을 통해 유아에게 관찰하게 하면 좋다. 하지만 실물은 시간적, 공간적 제한을 받으며 안전의 문제가 생길 수 있어 이 점들을 염두에 두어야 한다.

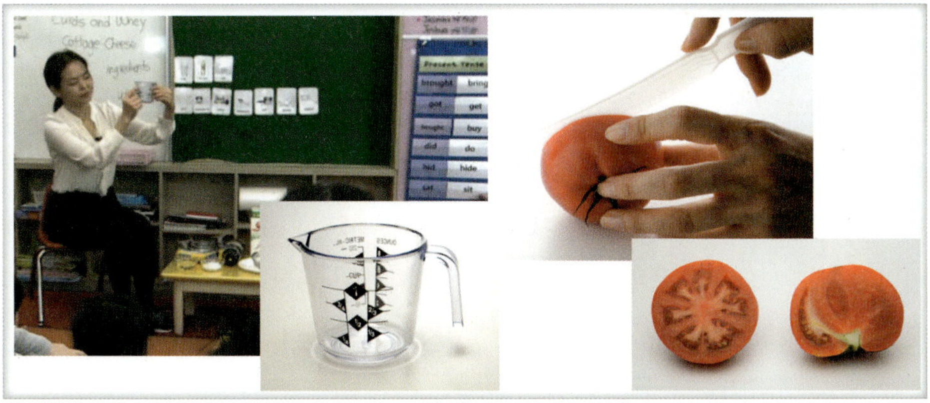

(2) 모형

유아에게 실물을 보여 주기 힘든 경우 실물을 확대, 축소하거나 실물 크기로 만들어 놓은 모형을 활용할 수 있다. 유아교육기관에서는 인형, 장난감 자동차, 소꿉놀이 도구, 동물, 음식, 공룡 등 다양한 모형을 사용한다. 모형은 실제와 비슷하기 때문에 유아가 실제처럼 놀이에 몰입할 수 있도록 도와준다. 또한 공룡이나 화산활동, 지구 같은 모형들은 실제로 보여 주기 어려운 것들을 구체적으로 설명할 수 있도록 도와준다. 이러한 모형은 시간과 공간의 제약을 받지 않고 사용할 수 있으며 보관이 편리하고 다루기 쉽다는 장점을 가지고 있다.

(3) 인형

여러 종류의 인형도 교수매체로 많이 사용되는데 인형은 유아의 흥미를 지속시켜 주어서 집중 시간을 길게 하고 유아의 상상력을 자극하여 유아에게 강렬하게 작용하는 특성이 있다(김애옥, 1998). 인형은 유아로 하여금 학습에 대한 동기를 이끌도록 해 주며 상상력을 길러 주고 언어 발달에 큰 도움을 준다. 또한 인지, 사회, 정서 측면의 발달도 도와주고 표현력을 길러 준다. 인형에는 손인형, 손가락 인형, 막대인형, 테이블 인형, 탈 인형 등 여러 가지 종류가 있다.

(4) 그룹 게임

유아를 위한 교구에서 빠질 수 없는 것이 그룹 게임이다. 그룹 게임은 유아로 하여금 자발적인 학습과 협동이 일어나도록 하며 갈등을 스스로 해결하도록 도와준다. 그룹 게임을 통해 유아는 각 주제에 따른 내용을 자연스럽게 학습할 수 있을 뿐만 아니라 문제해결력을 키울 수 있다. 이 때문에 구성주의 교실에서 그룹 게임의 역할은 매우 중요하다.

4) 전기전자 매체

유아교실에서 사용되는 다양한 교수매체 중에는 녹음 자료, OHP, 실물 화상기, CD, 비디오, TV, 프로젝터, 컴퓨터 등 전기를 사용하는 매체가 많이 있다.

(1) 녹음 자료

녹음 자료는 카세트 테이프를 이용한 듣기 영역을 가장 쉽게 생각할 수 있다. 녹음 자료로는 유아와 음악 감상, 다양한 소리 감상, 동화 듣기, 듣고 문제 풀기, 소리 녹음하기 등 다양한 활동을 할 수 있다. 녹음 자료는 수업시간에도 사용할 수 있지만 사용법을 자세하게 작성하여 언어 영역에 제시할 수도 있다.

(2) OHP

OHP는 Overhead Projector의 준말로 유아교육기관에서 많이 사용하고 있는 투시물 환등기이다. OHP는 특히 컴퓨터와 스크린의 연동이 현재같이 잘 되지 않았던 시절에 자료를 크게 투시하여 대그룹 활동을 할 수 있는 장치로 많이 이용되었다. 현재는 많은 기계들의 보급으로 유아교육기관에서의 사용이 줄고 있으나 '빛과 그림자'의 주제로 활동할 때 빛을 제공하는 수단으로 꾸준히 사용되고 있다. OHP는 조작이 간단하여 이용하기 쉬우며 겹치는 효과를 낼 수 있고 몽환적인 분위기를 낼 수 있어 동화를 들려줄 때 많이 사용된다.

(3) 실물 화상기

실물 화상기는 유아교실에서 작은 물체를 크게 하여 대그룹으로 공유할 때 사용하는 기기이다. 교사가 작은 벌레나 곡식 등 작은 물체를 실물로 보여 주고 싶을 때 많이 사용되며 책에 있는 내용을 크게 화면으로 보고 싶을 때에도 사용된다. 실물 화상기를 사용할 때에는 미리 초점과 거리를 잘 맞추어야 한다.

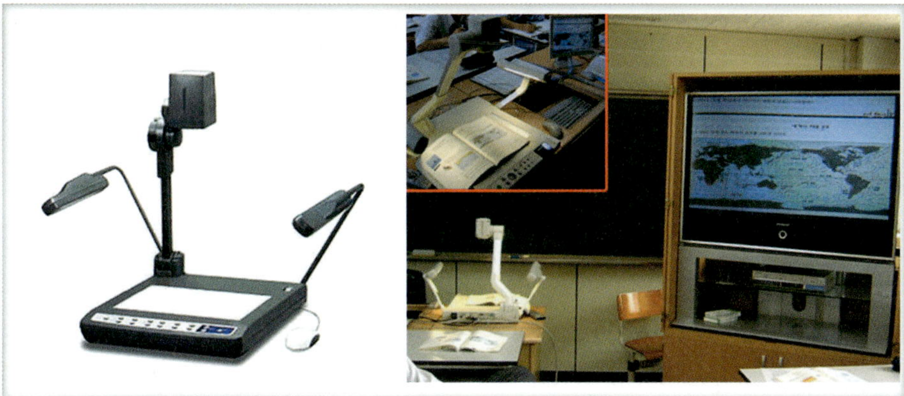

(4) CD, 비디오

오디오 CD와 비디오는 예전부터 많이 사용되어 온 교수매체로 유아교육기관뿐 아니라 가정에서도 많이 사용하고 있는 기기이다. 오디오 CD에는 많은 노래들을 한 장에 담을 수 있어 편리하게 이용되며 비디오 자료도 비교적 손쉽게 영상을 재생할 수 있다는 점에서 많이 이용되었다. 그러나 수많은 새로운 기기들이 발달한 오늘날에는 사용이 점점 주춤해지고 있으며 인터넷 음악이나 동영상이 이를 대신하고 있는 경우가 많다.

(5) TV, 빔 프로젝터

예전에는 가정이나 사무실에서 주로 사용되었던 TV와 빔 프로젝터가 요즘에는 유아교육기관에서 널리 이용되고 있다. 이 기기들은 그 자체로 사용되기보다는 컴퓨터와 연결되어 많이 이용되고 있으며 유아교육기관에서 컴퓨터 사용이 많아지면서 TV와 빔 프로젝터의 사용도 같이 늘어나고 있는 추세이다. 이러한 기기들은 대그룹 활동을 할 때 큰 화면으로 쉽게 자료를 공유할 수 있다는 점에서 많이 이용되고 있으며 영어교육에서도 여러 가지 자료를 활용할 때 유용하다.

(6) 컴퓨터, 프린터

컴퓨터는 유아교육기관에 들어온 이후로 매우 중요한 교수매체가 되었다. 지금은 컴퓨터 없는 교실을 상상하기 힘들 정도로 많은 정보의 자원이자 필수적인 매체가 되었다. 먼저 교사는 컴퓨터에서 교수에 필요한 많은 정보를 쉽게 구할 수 있고 유아도 인터넷이나 소프트웨어 프로그램에 담겨 있는 많은 매체와 상호작용할 수 있다. 컴퓨터를 이용하여 활동을 할 때에는 유아와시간 약속을 하여 모든 유아가 공평하게 기기를 접할 수 있는 시간을 주어야 하고 그 시간이 지나치게 길지 않도록 한다. 컴퓨터로 노출되는 자료들도 교사의 꼼꼼한 확인이 이루어진 후에 유아의 교육 내용과 발달에 맞는 자료들이 선택되어야 한다. 프로그램은 학습 내용을 단순히 전달하는 폐쇄적인 내용보다는 문제 해결력과 탐구력을 길러 주는 개방적 프로그램을 선택하는 것이 중요하다. 컴퓨터 영역에는 프린터도 함께 배치함으로써 유아가 활동한 것을 출력하도록 할 수 있다.

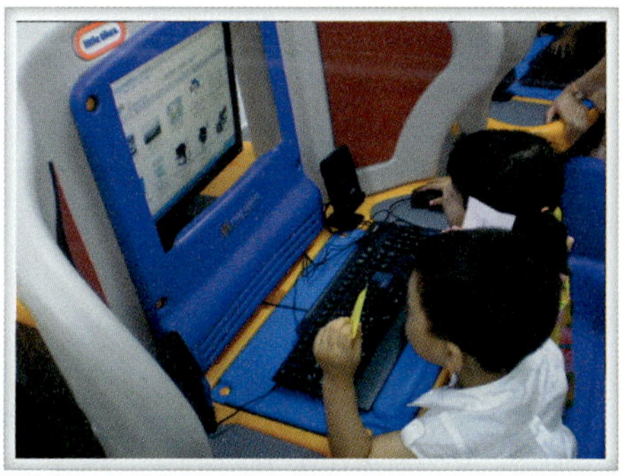

5) 새로운 매체

(1) Hybrid CD

앞에서 오디오 CD를 알아보았는데,요즘 많이 사용되는 CD는 하이브리드 CD로 음향뿐 아니라 플래쉬나 동영상, 게임 등을 CD로 즐길 수 있다. 이러한 하이브리드

CD는 작고 얇은 CD 한 장으로 여러 가지 활동을 할 수 있어 각광받고 있는데 특히 영어교육에 있어 원어민의 발음이나 보조되는 영상들을 같이 제공할 수 있어 많이 사용된다.

(2) 인터넷 자료

영어교육을 위한 인터넷 자료로는 EO 환경의 것과 EFL 환경의 것을 하나씩 예로 들어 소개한다.

✠ EO 환경을 위한 인터넷 사이트 – www.pbskids.org

어린이 교육 사이트, PBS Kids(www.pbskids.org는 미국의 공영방송국인 Public Broadcasting Service에서 운영하는 어린이 전문 방송국의 사이트다. PBS는 공익성, 교육성을 두고 선택한 어린이 프로그램을 방영한다. 주로 영어 위주 환경(EO)에서 활용되는데 간단명료한 이미지 위주로 꾸며진 홈페이지는 각 프로그램을 나타내는 캐릭터를 등장시킨다.

홈페이지의 구성은 PBS Kids에서 제공하는 40여 개의 교육방송 프로그램을 가운데 동그란 바퀴로 소개하는데 캐릭터나 아이콘을 클릭하면 각 프로그램의 홈페이지를 하위 영역으로 링크된다. 예를 들면 어린이 영어교육 프로그램으로서는 고전이라고 할 수 있는 캐릭터를 클릭하면 Sesame Street로 연결된다. 또한 Between the Lions, Calliou, Curious George, Red dog 등도 연결된다. PBS Kids는 부모를 위한 'PBS Parents(http://www.pbs.org/parents/)' 와 교사를 위한 'PBS Teachers(http://www.pbs.org/teachers/)' 가 있다.

앞에서 소개한 Between the Lions를 구체적으로 살펴보자.

| www.pbskids.org |

✠ www.betweenthelions.com

사이트 주소를 압력하면 www.pbs.org로 연결된다. 홈페이지는 중심 캐릭터인 Lion이 중심이 되며 Stories, Video Clips, Games, Lion To Go로 나타난다. Parents와 Teachers는 하단에 글자로만 소개된다.

| www.betweenthelions.com |

● Stories

이 Between the Lions 사이트에는 Folktales and Fables로 11가지 이솝 이야기와 어린이 고전이 소개된다. 예컨대 Stone Soup, Joseph had a Little Overcoat, City Mouse and Country Mouse 등이 있다. 불행하게도 이야기를 들으려 클릭하면 "This story is only available in the United States(이 이야기는 미국 내에서만 가능합니다)"라는 메시지가 들린다. 미국에서만 볼 수 있게 되어 있는 것이다. 그러나 이 프로그램은 유료화된 특정 회사를 통해 외국에서도 볼 수 있다.

● Video Clips

비디오는 주로 음소 활동을 모아 놓은 곳으로서 다른 곳보다 많은 활동이 담겨 있다. 20가지의 음소 활동은 쉬운 활동에서 시작하여 어려운 수준의 음소 활동 이야기로 풀어지기 때문에 유아가 개념은 물론 음가를 쉽게 알 수 있게 된다. 예컨대, Library A-Z는 쉬운 알파벳의 글자와 소리를 소개한다. 뒤로 가면 복합자음의 소리가 어떤 규칙이 있는지 알려주는 의인화의 이야기가 있다. 예컨대 〈E와 A〉의 복합자음으로 된 단어의 소리에서 뒤의 모음은 소리가 나지 않는데 이것을 두 글자가 산책하면서 E만 소리 내려는 이야기로 풀어 간다. 이런 비디오 이야기 역시 미국에서만 사용 가능하다.

● Games

게임은 두 가지 활동으로 이루어진다.

Leona's Coloring Pages: 흑백으로 내려받기를 프린트할 수 있는 자료가 소개된다. 몇 가지 간단한 캐릭터가 소개된다.

The Messy Attic: 다락방 청소하기의 활동으로 어린이가 듣고 지시에 따라 할 수 있는 활동이다. 예컨대 다음과 같다.

Arty's Smarty Doors: "Arty's Smart Doors" 문 중 하나의 활동은 처음 시작하는 단어가 같은 것 찾기이고 다른 문의 활동은 같은 소리(라임)로 끝나는 단어를 찾는 것이다. 이 게임에서 Delightful and Dandy Door를 선택하면 "Find the same beginning word."라는 지시에 따라 그림 중 같은 글자로 시작하는 단어를 클릭하는 활동을 하게 된다(예: mat-cat milk top). 그러나 Door and More Store를 선택하면 "Find the same ending sound."라는 지시에 따라 그림 중 같은 소리로 끝나는 그림을 찾아 클릭하는 활동을 하게 된다(예: Shoe-can yak zoo net).

(3) 온라인 독서 프로그램

어린이를 위한 독서 프로그램은 오프라인과 온라인으로 구별될 수 있다. 오프라인 독서 프로그램이란 종이책자를 사용한 것이며 온라인 독서 프로그램은 인터넷을 통한 것을 의미한다. 그러나 기존의 매체와는 약간 달리 새로운 매체로서 오프라인 그림책과 그것을 확장하여 개념책과 함께 전개되는 독서 프로그램이 있다. 본 항에서는 온라인 독서 프로그램만을 언급한다. 즉, AR 프로그램, Book Flix, A-Z 프로그램을 살펴보기로 한다.

① AR 프로그램

www.renlearn.com[1]의 AR(Accelerated Reading) 프로그램은 여러 출판사에

1) www.renlearn.com은 AR 프로그램으로도 인식되고 있는데 1984년에 '고도로 발달된 테크놀로지에 필수적인 프로그램'이라는 자부심을 가지고 Judith Ames Paul이 시작한 k-12(유치원부터 고등학교)학년까지의 프로그램이다. 여러 출판사의 그림책을 선정하여 읽기 프로그램을 운영하고 있다.

서 출판되었으나 좋은 그림책을 오프라인에서 읽고, 온라인에서는 그림책의 내용과 이해를 측정한다. 이런 측면에서 이 프로그램은 심미적 읽기와 디지털 미디어를 혼용하는 멀티미디어 독서 프로그램이라고 할 수 있다.

독서 프로그램의 목표, 내용 및 효과에 대한 것은 '총체적 언어 능력 향상을 위한 심화 영어 독서 프로그램 모델' (이경우 & Craig Merrill, 2010)에 소개되어 있다. 이에 따르면 일반적으로 독서 프로그램을 성공적으로 운영할 수 있는 요소는 다음과 같다.

첫째, 국가 수준 교육과정과 디지털미디어의 사회적 요구에 부합되는 제2언어를 위해 돌출성 읽기와 심미적 읽기 프로그램을 부가적으로 사용할 수 있다. 특히 7세 이전의 어린이를 위해 www.readinga-z.com 프로그램은 그 수준에서 이해 가능한 개념을 이해하도록 돕는다. 이 프로그램에서는 오프라인(종이로 인쇄하여 사용하는)의 테스트가 있으나 가정과 연결하여 읽기 프로그램을 진행할 수 있다.

둘째, 7세 이후에는 AR 프로그램을 부가적 읽기 프로그램으로 실시한다. 그리고 초등학교 1, 2학년을 연계한 프로그램으로 지속적으로 실시할 수 있다. 이를 위해서는 올바른 AR 프로그램 사용에 대한 이해가 필요하며 무엇보다도 AR 프로그램의 목적을 기억해야 한다. 즉, 어린이로 하여금 많은 책을 읽고, 더 좋은 책을 읽고, 그리고 즐기면서 읽게 해야 한다(Read more books, read better books, and read for pleasure).

셋째, 심화 독서 프로그램과 관련된 여러 연구들로부터 성공 요소를 추출하여 프로그램의 실제에 반영하도록 한다.

① 좋고 많은 책에 노출시키고

② 적어도 2년 이상(특히 1, 2학년에서 효과) 운영하며

③ 지속적으로 묵독 혹은 기분 전환의 읽기(recreational reading) 프로그램으로 되도록 한다.

2 Book Flix 독서 프로그램

AR과 흡사한 프로그램으로 7세 정도 어린이를 위한 Book Flix 독서 프로그램

(Scholastic 사)이 있다.

Book Flix 독서 프로그램은 95편의 어린이 고전 그림책 비디오와 이에 연결된 정보책을 e-book으로 제공하여 한 쌍이 되게 고안된 프로그램이다. 어린이가 비디오 그림책을 보게(Watch the Story) 하여 일찍 읽기에 흥미를 갖게 하고, 주제와 연관된 정보책을 읽게 하면서(Read the Book) 관련 지식을 알려 주며, 교과 영역별로 학습하는 데 목적을 두고 있다.

듣기와 읽기를 강화한 e-book은 읽는 소리에 따라 단어 단위로 색 글자로 강조된다. 어린이가 알아야 할 단어에는 사전적 기능을 갖게 하여 개념을 알려 준다.

● 프로그램 주제

이 그림책은 9개의 주제로 분류되어 있다. 동물과 자연, 지구와 환경, 사람들과 장소, 알파벳과 숫자, 가족과 이웃, 음악과 전래동요, 모험, 개념, 상상력으로 되어 있어 교육과정 주제와 연관될 수 있는 특징을 살리고 있다.

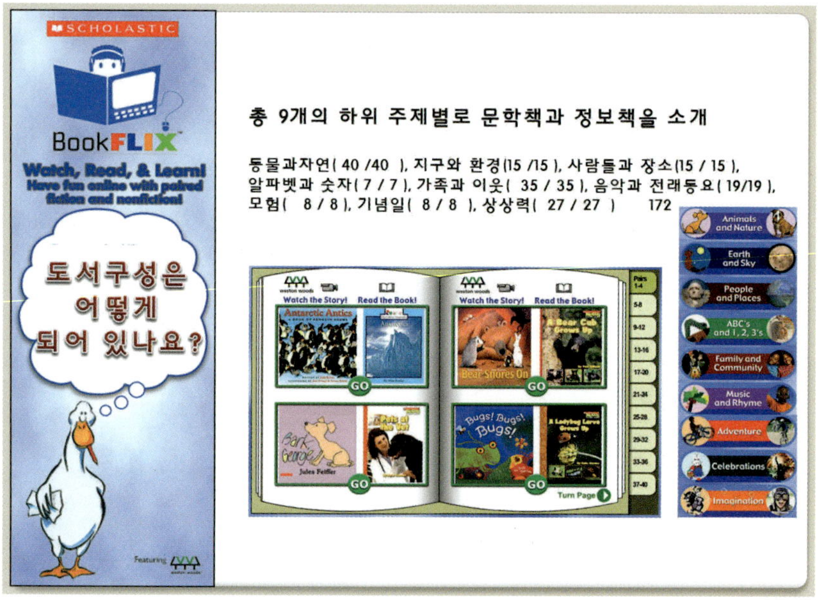

● 게임 활동

멀티미디어를 활용한 그림책 비디오와 정보책의 e-book을 읽고 난 후에는 이 두 그림책과 연계된 활동으로 심층적 학습의 게임을 할 수 있다. 즉, 단어 알아맞히기 게임, 지식 구성을 위한 게임, 순서 알기 게임이 있다.

• Word Mach 게임

Word Mach 게임에서는 문제를 듣고 단어를 맞히는 것이다. 예를 들면 'a young cow' (아기소)는이라는 질문이 나오면 'calf' (송아지)를 클릭하고 맞히는 것이다. 만일 맞히지 못하면 다시 해 보라는 지시가 나온다.

• Fact or Fiction 게임

Fact or Fiction 게임에서는 'Cows give milk' (소는 우유를 준다)라는 지문이 사실이라면 'Fact' (사실)을 클릭하면 된다.

• Which Comes First? 게임

Which Comes First? 게임에서는 어떤 것(사건)이 먼저 일어난 순서대로 놓으면 된다. 사건의 순서, 문제해결과 논리적 사고를 길러 준다.

이 독서 프로그램은 다음과 같은 특징이 있다.

① 어린이는 그림책을 충분히 접해 봄으로써 심미적 읽기를 즐길 수 있게 된다.

② 멀티미디어의 특징을 담고 있는 특징으로 어린이를 문학과 최신 미디어 기기의 사용에 익숙하게 함으로 급변하는 IT 세계를 이해하도록 돕는 데 크게 기여한다.

③ 그림책을 애니메이션화한 95권의 그림책 비디오를 보며(watch) 즐기는 동안

상상력과 창의의 세계로 이끌어진다.

④ 비디오 그림책과 연관된 주제별 정보 그림책, e-book을 읽음(read)으로써 내용을 쉽게 이해하며 관련 영역의 지식을 습득할 수 있다. 특히 사전(dictionary)의 기능으로 단어를 이해할 수 있어 심층적 지식을 구성하게 한다.

⑤ 게임 영역은 즐기며 놀이하는 동안 단어의 뜻을 알게 하고 관련 분야의 단어와 지식을 구성하게 한다.

⑥ Fiction or Non Fiction(사실인지 아닌지)의 게임을 통해 어린이는 사실과 상상을 구분하는 능력을 갖게 된다.

⑦ Which Come First(어느 것이 먼저 일까요) 게임을 통해 어린이는 사건의 순서를 알게 되고 논리적 사고를 길러 간다.

이 프로그램은 어린이로 하여금 독서를 통해서 세계에 대한 호기심을 갖게 하며 지식을 습득하게 하고 논리적 사고도 길러가게 하지만 궁극적으로는 읽기를 사랑하고 멀티미디어에 일찍 노출시켜 이를 활용할 수 있게 한다. 한 가지 유의할 것은 세계는 지금 유아 단계에서부터 고전문학을 읽게 하며, 관련 영역을 e-book화하여 지식을 길러 가도록 한다. 그리고 멀티미디어에 일찍 노출시킴으로써 테크놀로지 교육도 함께 실천한다는 것을 이해해야 할 것이다.

(4) 스마트 보드

전자칠판 또는 Interactive White Board(IWB)로도 불리는 스마트 보드는 칠판과 컴퓨터가 연결되어 있어 컴퓨터의 내용을 큰 화면으로 투사할 수 있고 펜이나 손가락을 이용해서 바로 동작하도록 하는 장치이다. 이러한 터치 기능은 유아교육기관에서 아이들과 상호작용할 때 매우 유용하게 사용될 수 있으며 교사가 컴퓨터가 있는 곳까지 움직이지 않아도 된다는 장점이 있다.

이렇게 보드와 컴퓨터가 바로 연결되는 장치 외에 다른 기기 간의 호환성도 점점 좋아지고 있는데 요즘은 대부분의 기기들을 서로 연결시켜 큰 화면으로 영상을 출력할 수 있다. 또 PC와 태블릿을 무선으로 연결하는가 하면 아이가 그린 그림이나 글자도 바로 태블릿으로 전송되어 교사가 포트폴리오용으로 쓸 수 있는 장치들도 많이 개발되었다.

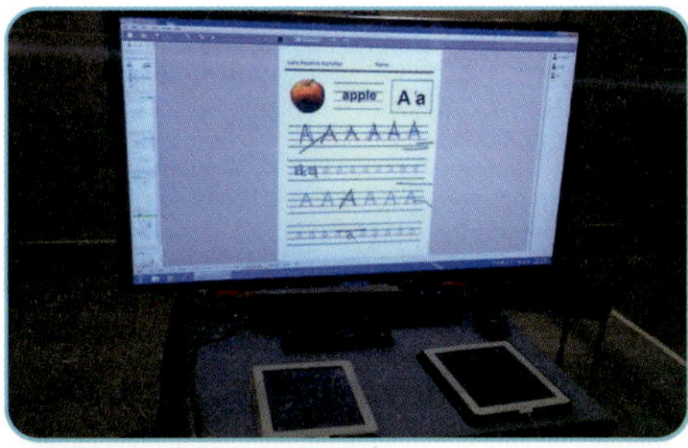

PC와 태블릿의 무선 연동이 가능하여 태블릿에 있는 정보를 어린이에게 그대로 보여 줄 수 있다. 이를 미루어 우리는 태블릿을 혹시 교실에서 활용할 때 각 어린이마다 가지고 있지 않아도 됨을 알 수 있다. 한 대를 가지고 어린이와 상호작용하면서 사용 가능하다.

일반 노트에 어떤 팬을 사용해서라도 메모를 적고 이를 태블릿에 저장하려는 노력은 간단히 이루어진다. 노트 위에 끼워 넣을 수 있는 기기가 특징적이어서 선을 타고 옮겨지는 메모는 태블릿으로 저장됨으로 교사가 포트폴리오로 활용할 수 있다.

(5) E-book

E-book은 electronic book의 약자로 기존의 종이를 대치하여 내용을 전자 화면으로 읽을 수 있는 기기이다. 기존에 10권의 책을 읽으려면 무거운 책들을 직접 운반해야 했던 것과 달리 e-Book은 한 권의 책보다 가벼운 장치 안에 수천, 수만 권의 책을 넣어 다닐 수 있어 사용이 매우 용이하다. E-book을 볼 수 있는 기기는 휴대폰부터 태블릿, E-book 전용 기기까지 다양한데 일단 기기를 구입한 후에는 수많은 컨텐츠를 계속하여 업로드할 수 있어 비용 절감의 효과까지 기대할 수 있다. 요즘 E-book은 아이가 읽기 외에도 들어 보거나 스스로 읽은 것을 녹음하거나 책에 나온 그림들을 직접 눌러 보고 상호작용할 수 있도록 나와 있어 다양한 방법으로 활용이 가능하다.

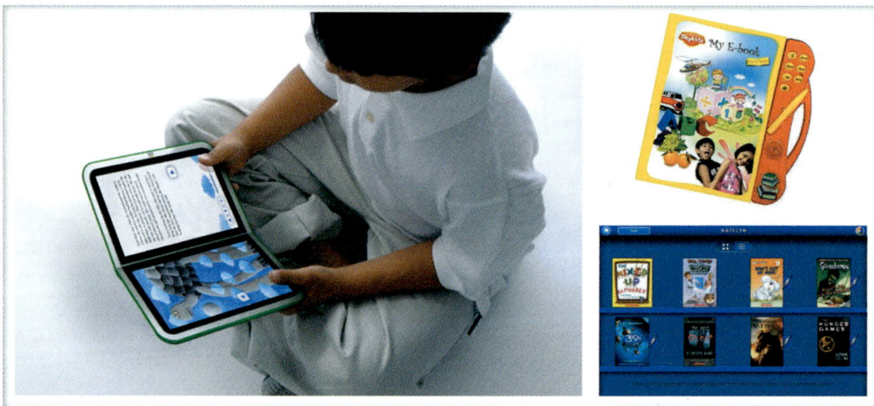

(6) 어플리케이션(Application)

어플리케이션(application)은 주로 준말 앱으로 불린다. 이는 PC, 스마트 폰, 아이패드, Meep, Tabeo, Nabi, Kurio and Kindle, LeapPad, InnoTab, Nintendo 3DS, Nexus 7 등 태블릿 등에서 구동되는 소프트웨어를 의미한다.

기술의 발전으로 인해 기존의 컴퓨터에서 사용되던 것과는 달리 스마트폰 혹은 태블릿은 비교적 작은 화면으로 이루어져 있다는 점과 이동 중에 사용하는 특징을 감안하여 텍스트를 최대한 줄이고, 주로 그래픽과 소리로 구성되어 있는 특징이 있다. 그리고 시장 경쟁에서 가격대에 따른 경쟁 때문에 다양한 앱이 소개되고 있다. 앱의 형태는 태블릿의 종류에 따라 구동되기 때문에 다양하다. 예를 들면 ipad와 iphone에서 구동되는 앱은 그 기기에 제한되어 있다. 이와는 달리 안드로이드 앱은 다양한 스마트 폰에서 사용 가능하다. 본 항에서는 테크놀로지와 앱의 현 주소를 둘로 나누어 우리나라와 다른 나라를 살펴본다.

① 우리나라의 경우

2012년 e-learning Korea 2012: Expo라는 주제로 smart learning에 대한 기기와 학습 컨텐츠를 소개하였다. 교육부가 권장하는 e-learning은 2012년 9월 12~14일 코엑스에서 개최되어 우리나라 앱의 현주소를 볼 수 있게 하였다. 교육과학기술부, 문화체육관광부, 지식경제부, 강원도교육청이 주관했으며 한국교육학술정보원, 한국컨텐츠진흥원, 정보통신산업진흥원, 한국교육정보진흥협회, 한국에듀테인먼트산업협회, 한국이러닝산업협회가 후원하여 현재 우리나라의 앱에 대한 정보를 소개하였다.

전체적으로 분석해 볼 때, 우리나라의 앱은 아직 상호작용적이며 구성주의에 입각해서 개발된 것은 드문 형편에 있다. 따라서 교사의 안목이 중요한데 다음과 같은 것에 유의해야 한다.

● 분석 기준:

- 환경: 배열로 미루어 어떤 철학으로 운영되는가?
- 목적
- 방법: 상호작용 양상 … 지시적 vs. 탐색적
- 앱의 사용
- 기타

어떤 장면이 상호작용적 구성주의적 접근인가?		
장면		
환경	• 영어교실을 따로 둠 • 행동주의를 연상하게 함	• 흥미 영역의 일부분으로 컴퓨터 영역에 둠 • 상호작용 구성주의를 연상하게 함
목적	듣기 말하기의 목적	• 탐색하기 재미있는 생각 나누기의 목적 • 듣고 의견 나누기
방법	청화식 따라 하기	상호작용-의사소통
상호작용	지시적	탐색적
앱의 사용	좋은 앱이라도 행동주의화	구성적 접근

2 미국의 경우

미국은 읽기 교육에도 많은 투자를 하고 있다. 부모나 교사도 어린이의 문해 능력을 키워 주려는 노력을 한다. 특히 e-book이나 앱의 기술(technology)을 동원한 프로그램의 사용 통계(Suliman, 2012. www.digitalbookworld.com 재인용)를 보면 가장 기초적인 것, 즉 글자와 소리와의 관계, 단어 인식의 음소 활동을 선호하고 있다.

앱이나 앱 관련 기기, 놀잇감 등을 평가하는 기준은 여러 곳이 있으나 가장 전문적인 유아 단계 앱의 평가는 Buckleitnet이 평가하는 CTR(Children's Technology Review)에 의한 것이다. 우리나라와는 달리 미국에서 출간되는 앱의 수는 상당한 수이며 어린이에게 교육적인 앱을 추천·사용한다. CTR은 역사성이 있으며(www.childrenstech.com 참조) 테크놀로지와 앱을 평가하는 세계적인 저널로 알려져 있다.

이곳에서 사용하는 앱의 평가 기준은 다음과 같다.

① 사용하기 쉬운 것(Ease of Use)

② 교육적인 것(Educational)

③ 재미있는 것(Entertaining)

④ 디자인 측면(Design Features)

⑤ 착한 가격(Good Value)

최초의 소프트웨어 리뷰와 상은 Bologna New Media Prize라는 이름으로 1997년도에 세계 모든 CD-ROM Title과 소프트웨어를 평가했으나 소프트웨어 시장의 변화로 인해 2002년도에 중단되었다. 그러다가 디지털 미디어로의 혁신적 변화로 인해 CTR은 Bologna Children's Book Fair와 함께 상의 이름을 BolognaRagazzi Digital Award로 하여 세계적인 디지털 미디어 작품에 주는 상을 주도록 2011년에 그 면모를 드러내었다. 과거처럼 국제 심사위원들이 혁신적이고 우수한 어린이 디지털 미디어를 선정하여 상을 준다.

* 앱의 사용 장면의 분석

위 기준에 따라 상호작용적 앱을 소개하면 다음과 같다.

- 앱의 이름: Tea Party
- 개발사: Toca Boca
- 평가: Ease of Use 8

  Educational 8

  Entertaining 9

  Design Features 9

  Good Value 8

  86%
- 앱의 개요:

3세 이상의 유아가 검지를 사용하여 재미있게 할 수 있는 분류와 역할에 대한 이해를 길러 주는 Tea Party 앱이다. 성인과 두 명 혹은 세 명의 유아가 함께 놀이할 수 있다. 성인은 상호작용을 하며 역할을 이끌 수 있다. 유아가 티파티를 할 때 즐겨 사용하는 찻잔, 주전자, 주스, 쿠키, 파이가 있다. 유아는 실제로 차를 마시고 쏟고 엎지른 것을 수건으로 닦는 활동을 한다. 순서 지키기는 물론 차를 붓거나 과자를 더 먹기 위해 손으로 끌어가고 주전자로 차를 따를 때 음향적 효과가 있다. 다 먹은 후 접시를 싱크대로 가져갈 때 우연히 나타나는 분류(접시끼리 모으는 것) 활동을 하고 물통으로 가져가기 위해 태블릿을 흔들면 비눗물에 접시가 빠지고 설거지를 하게 되면서 활동이 끝난다. 9가지 종류의 쿠키가 있고 식탁보도 선택할 수 있다. 유아가 주도가 되어 많은 상호작용과 활동을 할 수 있다.

- 상호작용 앱의 사용 예:

만일 구성주의 교사가 개입을 한다면 다음과 같은 상호작용적 언어를 사용할 수 있을 것이다.

교사: 음··· 난, 초콜릿 쿠키를 먹고 싶어.
이건 내가 가끔 먹는 음식(Sometime Food)이거든! 얌얌.
사실 케이크는 언제나 먹는 음식(Anytime Food)은 아니지. 그치?

위와 같은 대화는 간접 교수인 것이다. 유아의 입장을 고려하여 대화하면서 바람직한 방향을 듣게 한다. 대개 쿠키나 파이는 건강에 나쁜 음식이라고 하기보다는 가끔 먹는 음식(Sometime Food)으로 소개한다. 이때 간식으로 언제나 먹는 음식(Anytime Food)이 아님을 강조하여 음식 먹는 습관을 길러 줄 수 있다.

4. 유아 교수매체의 선택 기준

앞에서 살펴본 것처럼 유아교육기관에서 사용할 수 있는 교수매체는 수없이 많다. 우리는 또 몇 년 사이에 더 새로운 매체와 자료들을 접하게 될 것이다. 유아 교수매체는 잘 활용한다면 교육에 많은 도움이 되지만 무조건 많고 다양한 매체를 사용한다고 해서 좋은 것은 아니다. 교사는 교육계획을 할 때 매체 활용에 대해 구체적으로 계획하고, 주제가 전개되는 동안 수시로 평가하며 수정·보완해야 한다(김정희, 2009). 특히 매체를 선정할 때에 여러 가지 기준으로 꼼꼼하게 살펴보아야만 유아에게 올바른 수업을 이끌 수 있다. 그렇다면 우리가 유아 교수매체를 선택할 때 어떤 기준들을 확인해야 할까? 유아교육기관에서 사용되는 교수매체를 선택할 때 고려해야 할 점들은 다음과 같다(권옥자 외, 1988; 유혜령, 강은희, 박지영, 2003).

첫째, 교육 내용에 적합한 것인가? 교수매체가 예쁘고 매력적이라 할지라도 교사가 가르치고 있는 교육 내용에 부합하지 않는다면 유아에게 좋은 매체라 할 수 없다. 선택한 교수매체가 내가 가르치고 있는 교육 목표와 내용, 생활주제에 맞는지 살펴보아야 한다.

둘째, 유아의 발달 수준에 적합한가? 교수매체를 선택할 때 중요한 점은 이 매체가 우리 반 유아의 발달 수준에 맞는지 살펴보는 것이다. 여러 가지 매체들은 연령을 고려해서 나오는 경우가 많은데 자료에 적혀 있는 연령을 맹신하기보다는 사용방법과 내용을 꼼꼼히 따져서 발달 수준에 적합한 매체를 선택해야 한다.

셋째, 안전하고 위생적인가? 유아를 위한 교수매체 선정에 있어서 안정성과 위해성과 같은 안전이 무엇보다 먼저 고려되어야 한다. 매체를 제작하거나 구입할 때에는 재질이 유아에게 해롭지는 않은지, 날카로운 부분은 없는지, 성분은 안전한지 등을 잘 고려해야 한다.

넷째, 다양하고 창의적인 놀이가 가능한가? 매체 중에는 놀이 방법이 정해져 있어서 한 가지로밖에 활동할 수 없는 것들이 있다. 이런 매체들은 유아의 확산적 창의적 사고를 저해하고 유아를 수동적으로 만들기 쉽다. 교사는 매체를 선정할 때 매체가 유아의 적극적인 탐색을 돕고 다양한 방법으로 활용 가능한지, 창의적으로 놀이가 가능하도록 개방적으로 구성되어 있는지를 꼼꼼히 살펴봐야 할 것이다.

다섯째, 견고하고 내구성이 있는가? 앞에 소개된 교수매체 중에는 저렴한 것도 있지만 가격이 높은 것들도 많이 있다. 이러한 것은 한번 구입하면 오래 사용하는 경우가 많고 반복해서 사용해야 하므로 내구성이 있는지 살펴보아야 한다. 가격이 비싸지 않은 것이라 할지라도 유아교실에서는 자칫 바닥에 떨어지거나 여러 유아가 사용하며 마모될 수 있기 때문에 견고한 것을 선택해야 한다.

여섯째, 경제적인가? 같은 교육적 효과를 낼 수 있다면 경제적인 매체를 선택하는 것이 좋다. 매체를 구입하는 데 드는 비용에 대비해 효과가 큰 매체를 사용한다면 효율적인 선택이 될 것이다. 교사는 주변의 자연물이나 재활용품을 적극 사용할 수 있고 가정에서 쓰지 않는 물건들도 협조받을 수 있을 것이다. 또한 많은 디지털 컨텐츠들은 한번 구입하면 영구적으로 사용할 수 있는 경우가 많아 경제성 면에서 비교적 우수하다.

일곱째, 유아에게 매력적이어서 호기심을 끌 수 있는가? 어떤 두 매체가 같은 교육적 가치와 비용을 가지고 있다면 교사는 유아에게 더 매력적이고 예쁜 매체를 선택할 것이다. 교수매체는 유아로 하여금 호기심을 불러일으킨다는 점에서 유아가 선호하는 디자인과 색, 질감, 크기인지 등을 따지는 것이 중요하다. 따라서 교사는 유아에게 심미적인 즐거움을 줄 수 있는 교수매체를 선택하도록 한다.

여덟째, 매체에 담겨 있는 메시지가 중립적인가? 주변에 보면 때로 성 역할이나 직업관, 문화적인 편견이 내재된 매체가 있다. 가족 주제를 가르칠 때 양복을 입고 있는 아빠, 앞치마를 두르고 있는 엄마 인형이라든가 세계 여러 나라 단원을 가르칠 때 거적만 걸치고 창을 든 아프리카 사람들의 모습, 백인 일색의 미국 풍경 등은 주변에서 쉽게 찾을 수 있는 반편견적인 모습을 담고 있다. 유아는 이러한 매체들에 노출됨으로써 자연스럽게 편견을 가질 수 있고 이렇게 어렸을 때 형성된 편견은 오랫동안 영향을 끼치기 쉽다. 따라서 교사는 매체 선정 시 중립적인 내용을 지닌 매체를 선택해야 한다.

생각해 볼 문제

- 미디어의 발달에 따라 교수매체와 그 활용에 나타난 변화를 토의해 보자.

제 14 장

파닉스(Phonics) 자료 활용

본 장에서는 파닉스의 의의, 가르치는 순서, 인터넷의 파닉스 자료에 대해 살핀다.

1. 파닉스의 의의

독본 읽기에 대한 대안으로 총체적 언어가 등장하는 시기에 파닉스를 가르쳐야 읽기에 쉽게 접근한다는 주장이 대두되었다. 이는 주로 샬(Chall, 1967)에 의해 제기된 것이다. 파닉스란 구두 음소(phonemes)와 문자로 된 문자소(graphemes) 사이에 있는 관계에 대한 것이다. 즉, 듣는 소리가 글로 어떻게 쓰이는지 그 관계를 다루는 것이다. 따라서 파닉스를 알려 준다는 것은 유아에게 음성-철자(sound-spelling)의 관계에 대한 것을 학습할 수 있도록 돕는 것이다. 다른 말로 표현하면 프린트된 낱말이 내는 소리를 이해하는 것(A~Z가 내는 소리를 이해하는 것)이다. A처럼 생긴 글자가 내는 소리는 '에이' 임을 알게 되는 것이다. 이것은 사회적 지식이므로 설명으로 알게 되는 것이다. 영어의 알파벳은 26자이지만 알파벳이 내는 음은 44개(혹자는 47개)가 있는데 이런 기본 원리를 습득하고 정확하게 읽기를 하도록 하는 것이 음소 활동이다. 이를 좀 더 쉽게 정리하면 다음과 같다.

파닉스(Phonics)란?

소리로 발음되는 구두 단어의 음소(phoneme)와 문자 단어의 문자 소리(grapheme) 사이에 있는 관계의 법칙

- 음소(phoneme) : 말 속에서 유사한 소리를 나타내는 하나의 소릿값
  - lion, leaves, feel, truly의 /l/
  - 44개
- 문자소(grapheme) : 문자의 최소 단위로서 알파벳 문자이며 음소를 표현하기 위해 사용되는 글자
  - 단어 man : m, a, n의 문자소를 사용
  - 26개

균형 잡힌 접근에서 파닉스를 다루어 주자는 것은 파닉스를 배운 유아가 읽기에서 우수하다는 연구들의 결과에서 유출된다. 따라서 파닉스의 효과는 다음과 같이 요약될 수 있다.

① 영어 음소를 듣고 발음하도록 돕는다.

② 새로운 영어 단어를 소리에 의해서 글자를 식별하도록 돕는다.

③ 문자로 된 영어에 있는 알파벳 원리를 쉽게 배우고 이해하도록 도우며, 철자 이해를 향상시킨다.

④ 영어에 대한 전반적인 통찰력을 얻게 한다.

⑤ 읽기의 모든 영역에서 이해와 유창성을 갖게 한다.

2. 파닉스를 가르치는 순서와 범위

파닉스를 가르치는 순서에 대한 생각은 주마다 학자마다 조금씩 다르다. 파닉스에서 자음을 먼저 가르치고 난 후에 모음을 가르쳐야 한다는 관점이 있는가 하면,

모음을 자음보다 먼저 가르쳐야 한다는 의견도 있다. 그런가 하면 자음과 모음을 섞지만 많이 사용하는 순서에 따라 가르쳐야 한다는 주장도 있다. 학자들의 관점을 살펴봄으로써 파닉스를 가르치는 순서에 대해 이해해 본다.

샬과 폽(Chall & Popp, 1996)은 파닉스를 알려 주는 데는 순서가 있지만 그 순서가 절대적인 것은 아니며 상황과 어린이 개인의 발달 정도에 따라 바뀔 수 있다는 것을 기억해야 한다고 말한다. 그리고 다음과 같은 개괄적인 것을 염두에 두어야 한다고 말한다.

① 자음을 모음보다 먼저 알려 준다.

② 단모음을 장모음보다 먼저 알려 준다.

③ 장모음을 복합모음보다 먼저 알려 준다.

④ 자음 복합을 먼저 알려 주고 음절 구분을 알려 준다.

이들은 파닉스를 알려 주는 데 있어 자음의 순서를 염두에 두는 것이 바람직하다고 하고 다음과 같은 순서를 제시한다.

1 자음

- 쉽게 발음되는 것을 먼저 소개한다.

  f, l, m, n, r, s, v, z를 먼저 다룬다. 그 이유는 이런 단어는 가장 쉽게 구별된다. 시각적으로 구분이 쉬우며 소리도 가장 쉽게 발음이 되기 때문이다. 그리고 나머지 자음을 다룬다. c와 g는 나중에 소개한다.
- 경음과 연음의 규칙(c와 g)을 알려 준다.

  예: cake – city, gate – gentle

2 모음

- 단모음 : cab, can, bed, get
- 장모음 : face, cape, bite

- 중간 모음(글자-소리 연합) :

  map, net, man, dip, bag, tap, pack, sick, fan, gas

③ 복합자음

- 복합자음(혹은 자음 혼합), 그중에도 어두 혼합에서 어미 혼합의 순서로 알려 준다.
  - 어두 혼합 : [bl], [cl], [fl], [pl] −blink, clip, flip, plot
  - 어미 혼합 : [sk], [mp], [nk], [nt] −ask, lamp, drank, grant
- 2자 1음 자음
  - 어두에서 : [ch], [sh], [th], [wh] −champ, ship, thank, when
  - 어미에서 : [ch], [sh], [th], [tch] −rich, fish, with, hatch
- 2자 1음 자음 혼합의 순서로
  - 소리 없는 자음 : knot, knife, knit, wrong, write, wren
- 병형 이중모음과 이중모음 : peach, squeal, bread, treat, deaf

④ 어미를 가진 장모음

- [y]가 모음이 되는 경우 : rusty, funny, candy, penny, puppy, jelly
- 모음 다음에 오는 [r] : tar, bar, par, jar, mar, scar, char, cigar, ajar

⑤ 복합모음(vowel combination)

2자 1음 모음(vowel digraphs) : 두 글자의 모음이 한 음을 내는 것

- braid(ai=a), bay(ay=a), bee(ee=e)

⑥ 단계 : 음절 구분과 다음절

음절 구분−/blan/ /ket/

- airplane, bedroom, driveway, fireworks, football

- absent, happen, pencil, success
- [le]로 끝나는 단어 – able, rumble, tumble, rattle, tattle, cable, fable

한편 앨드레즈(Eldredge, 1999)는 샬과 폽처럼 파닉스를 가르치는 순서에 대해 언급하지는 않았으나 그가 집필한 저서에 파닉스에 대한 주장이 나타나 있다. 그에 의하면, 읽기를 시작하는 유아에게 파닉스를 가르치는 것은 문맥을 통해서 단어를 식별하는 도구를 갖추어 주는 것이다. 글자 – 소리가 일치하는 관계로 생소한 단어를 식별하는 데 필요한 도구를 유아에게 갖추어 주는 것이다. 한 단어에 있는 철자 순서를 안다는 것은 다른 단어들과 구분되어 인식되는 것이고, 단어를 인식할 수 있도록 어휘 기억에 저장하는 바로 그 순서인 것이다. 그러므로 유아에게 파닉스를 가르치는 근본적인 이유는 유아로 하여금 단어를 식별하는 능력을 발달하도록 도와주는 것이다.

앨드레즈는 이와 같은 단어 식별 능력을 읽기와 관련지어 언급한다. 유아는 단어를 소리 내어 발음하는 방법에 대해 아직 알지 못하므로, 처음 읽기를 시작할 때, 어떤 시각적 특징(생김새)에 의해 글자를 기억하려고 노력한다. 유아가 나름대로 '소리 내어 발음하기 전략'을 발달시키기 시작할 때, 그들이 해독할 수 있는 첫 단어는 단음절 단어, 즉 단 하나의 자음, 모음, 자음의 단음절 단어이다. 예를 들면, 다음과 같은 자음 – 모음 – 자음(CVC: consonant–vowel–consonant)의 단어이다.

자음 ········ man ········ 자음

모음

앨드레즈에 의하면, 유아는 먼저 자음 – 모음 – 자음을 배운다고 말한다. 그런 다음에, 2자 1음 자음(sh, th), 자음 혼합(bl, st), 복합모음(rain에서 ai)과 2자 1음 모음(soap에서 oa) 그리고 CVCe(fine, came) 패턴을 알게 된다고 말한다. 이것이 바로 그가 암시하는 순서인 것이다.

위와 같이 파닉스를 가르치는 데는 여러 가지 관점이 있다. 본서에서는 우리나라의 영어 환경은 EFL 환경이기 때문에 해독하기 쉽고 발음하기 쉬운 것부터 소개하는 데에 대한 의미는 약하다고 본다. 어차피 A~Z 알파벳은 외국어이므로 낯설기 때문에 미국의 경우처럼 발음하기 쉬운 f, l, m, …을 먼저 다룬다는 것은 무의미할 수도 있다. 따라서 본서에서는 A~Z의 순서로 소개하는 입장을 취한다. 그리고 모음의 경우, 가르치는 순서는 앞에서도 설명한 것처럼 먼저 단모음이고, 그리고 장모음, 2자 1음 자음, 그리고 복합자음의 순서를 따르기로 한다.

참고로 미국 캘리포니아 주의 기준에 의한 학년별 파닉스의 수준(범위)은 다음과 같다. 우리나라에서 파닉스를 가르치는 범위에 대해서는 아직 특정한 기준이 없으나 캘리포니아의 경우를 참조할 수 있을 것이다.

〈표 14-1〉 **미국 캘리포니아 주의 기준에 의한 피닉스를 다루는 학년 구분**

단 계	파닉스의 내용	예
유치원	'문장', '낱말', 그리고 '글자'의 개념-전체적 개념 파악	문장이란 무엇인가?
	글자 명명하기와 쓰기	자기 이름 쓰기
	운 맞추기	Nursery Rhyme이 갖고 있는 운
	단어의 첫소리 듣기 단어의 첫소리와 글자의 소리 연결짓기	FFF 소리 F is for fly.
1학년	단자음과 결합 자음의 글자-소리 일치점	혼합(blends) me
	CVC와 CVCe의 문맥에서의 단 · 장 모음의 음소	cat mat gate bake
	CVCe(자음-모음-자음-끝이 e로 끝나는 단어)	gate cake
	복수와 동사 어미(구조상 분석)	복수: dogs 동사: passed

단 계	파닉스의 내용	예
2학년	자음 이중자와 모음 다음에 나오는 r	air arch
	구조상 분석 (굴절 어미/접두사/접미사/단축어/합성어)	–ed –er –est 등, baby → babies, dislike, careful, can't, airplane
3학년	알지 못하는 낱말 익히기 (비교적 긴 다음절어가 많은 낱말 공부)	sandwich, antibiotic, macroeconomic 등
	진보한 어근 낱말(root word) 공부: 구조상의 분석에 대한 높은 단계	zoo(zoological, gardens) aud(hear) 등
	어린이의 파닉스 지식을 활용하는 연습과 더욱 도전적인 본문을 읽고 쓰기	smash(smack & mash) smog(smoke & fog)

3. 파닉스 인터넷 자료

파닉스 자료는 시각적 · 청각적 자료를 사용하는 것이 바람직하다.

1) 파닉스 자료

우리나라와 같이 영어의 듣기 환경이 열악한 EFL 환경에서는 원어민의 발음으로 전개되는 인터넷의 파닉스 자료가 크게 도움이 된다. 앞 장에서 논의되었듯이 EO 환경의 자료와 EFL 자료에는 차이가 있다. EO 자료로는 www.pbskids.org/lions가 대표적인 것이며 EFL 자료로는 www.iwonderdual.com이 도움이 될 것이다.

파닉스는 대개 3~4년간에 걸쳐 K-초등학교 교육과정에서 천천히 배우는 내용으로 구성된다. 그러나 시각 · 청각을 사용하면 쉽게 배울 수 있는 것도 사실이다.

다음과 같은 노래 자료로 살펴보기로 한다.

- i wonder의 Level 1에서는 대문자 A~Z의 26 알파벳을 노래로 알려 주는 활동 26개와 각 알파벳을 신체를 이용하여 표현해 보는 활동으로 구성되어 있다. 챈트(chant)는 다음처럼 쉬운 수준이다.

Where is A?

Where is A?
Let's sing!
Where is A? Where is A?
Here I am! Here I am!
Run away! Run away!
Let's sing together!

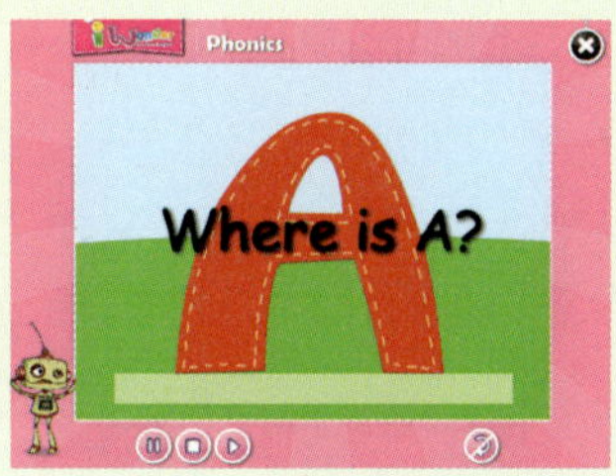

- i wonder의 Level 2에서는 A~Z의 26 알파벳을 소문자까지 포함하여 알려 주며 The ABC Song과 The Alphabet Song이 있다.

Big A Little a

Big A Little a.
Let' s sing!
Big A Little a.
a,a,a,a,a,
The letter A,a,a,a,
apple
Let' s sing together.

- i wonder의 Level 3에서는 A~Z의 26 알파벳을 K1에서보다 어려운 수준(문장)으로 알려 준다. 그리고 각 알파벳으로 시작하는 단어를 세 개씩 소개한다.

A Says a

A says a.
Let' s chant!
A says a.
A says a.
A is for apple.
A is for apron.
A is for acorn.
Let' s chant together!

- i wonder의 심화 단계 혹은 Level 4에서는 a, e, i, o, u의 단모음(Short Vowel)과 장모음(Long Vowel), 그리고 Dolch word list 중 pre-primer 단계와 primer 단계에 속하는 단어 중 주제와 관련 있는 단어를 선택하여 소개한다.

Long a

Long a

Let's sing!

Abracadadra! Long a!

Who turns can into cane?

Can! Cane!

Who turns cap into cape?

Cap! Cape!

Who E turns /a/ into turns mat into mate?

Mat! Mate!

Magic E turns /a/ into ?. Long ā!

Let's sing together.

위에서 살펴보았듯이 파닉스는 쉬운 것 → 어려운 것으로 소개하면서 글자와 소리와의 관계를 알려 주어야 한다. 어려운 수준으로 갈수록 규칙을 알 수 있도록 노래, 챈트, 이야기(예: The Short i Story 등), 그리고 게임을 활용한다. 다음과 같은 'c' 와 'g' 의 발음(경음, 연음)은 초등학교 수준에서 다루는 것이다.

c와 g의 발음

경음, 연음의 C

자음 C에는 경음(Hard Sound)과 연음(Soft Sound)이 있다. 경음의 소리는 /k/이다. 대개 'a, o, u' 와 같은 모음이 오는 경우이다(예 cat, cotton, cut). 경음으로 시작되는 단어가 많기 때문에 경음으로 시작되는 단어를 먼저 가르친다.

연음의 발음은 /s/인데, 'e' 와 'i' 와 같은 모음이 오는 경우이다(예 mice, city).

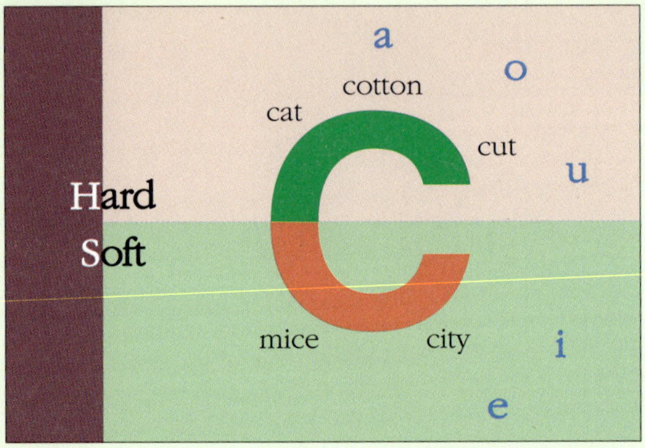

경음, 연음의 g

자음 g에는 경음(Hard Sound)과 연음(Soft Sound)이 있다. 경음의 소리는 /g/이다. 대개 'a, o, u' 와 같은 모음이 오는 경우이다(예 gate, goat, gut). 경음으로 시작되는 단어가 많기 때문에 경음으로 시작되는 단어를 먼저 가르친다.

연음의 발음은 /j/인데, 'e' 와 'i' 같은 모음이 오는 경우이다(예 danger, giant).

2) 알파벳이 내는 소리의 자료

교사 자료에서 알파벳이 내는 소리를 원어민이 말해 준다. 함께 말해 보며 알파벳이 내는 소리의 규칙을 익혀 나갈 수 있다.

알파벳의 음가

˘ 단모음　　¯ 장모음

알파벳	음가
a	/ă/ apple sat hat battle /ā/ acorn wave name bake /ŭ/ banana /ŏ/ wallet
b	/b/ belt
c	/k/ carrot cat cake can /s/ cider mice city
d	/d/ doughnut dog dish desert
e	/ĕ/ egg set head elephant /ē/ equal seed read eel
f	/f/ feet fish flower father
g	/g/ googgles glider goose gorilla /j/ giant gem gym
h	/h/ hair
i	/ĭ/ igloo sit tip Indian /ī/ ivy bike nice ice
j	/j/ jet jam jungle jaguar
k	/k/ kite king kitten kit

Letter	Sound	Words
l	/l/	lion lady leaf ladder
m	/m/	mask monkey mom milk
n	/n/	nest nail night needle
o	/ŏ/	ostrich chop hot octopus
	/ō/	open rope note boat
	/ŭ/	sponge
p	/p/	pencil paper pig parrot
q	/qu/	queen quarter quilt quill
r	/r/	rabbit red rain robot
s	/s/	sock star soap sea
	/z/	rose busy raise easy
t	/t/	tent tiger truck tiny
u	/ŭ/	umbrella sun fun tub
	/ū/	unicorn use union unit
	/o͞o/	rule
v	/v/	vest van vine vegetable
w	/w/	wagon water wig want
x	/ks/	fox box ox ax
y	/y/	yam yak yellow yell
	/ī/	cry
	/ē/	candy
	/ĭ/	symbol
z	/z/	zipper zebra zero zoo

3) 전문가 칼럼의 자료

'어려운 수준의 파닉스 규칙' 등과 같은 내용을 부모-전문가 칼럼에서 찾아 읽을 수 있다.

초등학교 후반부에서는 2자 1음(Digraphs), 이중모음(Diphthongs), 결합(Combinations), 그리고 음절(Syllabes) 등에 대한 정보를 쉽게 전해 준다.

2자 1음(Digraphs)	cheese ship cheek shadow
이중모음(Diphthongs)	mouse toe snow sauce
결합(Combinations)	arm whale
음절(Syllabes)	television airplane

4) 포스터를 활용한 파닉스(Phonics) 활동의 자료

알파벳(alphabet) 포스터 자료를 교사 자료에서 활용하여 대문자, 소문자를 시각적으로 구분하는 활동을 할 수 있다.

이상과 같은 파닉스 자료 외에도 많은 단어 자료를 제목을 이용해 찾을 수 있다. 프린트해서 사용할 수 있는 자료가 상당히 많은 것도 특징적이다. 인터넷에는 교사 스스로 교육과정을 구성할 수 있는 데이터 자료(data base)도 수준별로 내재되어 있다.

4. 파닉스 앱 자료

아이패드(iPad)나 안드로이드(Android)에서 구동되는 파닉스 자료도 상당한 숫자로 소개된다. 파닉스 자료를 주제와 연관하여 소개할 때, 유아가 듣고 즐기며 소리에 익숙하게 한다는 데 목적이 있으며 상호작용적 앱을 사용한다. 지나치게 학습적이거나 경쟁적 요소가 있는 (시간을 재는 것과 같은 것) 행동주의 양상의 앱은 선택되지 않는다.

Endless Alphabet 앱(www.callaway.com)은 이 앱의 제목에서 알 수 있듯이 알파벳을 익힐 수 있는 많은 활동(알파벳 노래 등)이 소개되어 있다. 그중 음소를 익히는 활동은 퍼즐처럼 단어에 글자를 맞추어 갈 때 중간에 나오는 재미있는 소리가 그 단어가 내는 소리를 알려 주고 단어 안에 들어갈 때는 글자의 이름을 말해 주는 것이다. 예컨대 GARGLE이라는 단어가 소개되는 경우, 유아가 'G' 글자를 손가락으로 끌면 '/g/ /g/ /g/ /g/' 라는 G 소릿값이 들린다. 단어 안에 G가 들어갈 때 '쥐' 라는 글자의 이름이 소개된다.

특히 점수나 시간에 대한 압박 없이, 그리고 실패에 대한 경험을 하지 않도록 디자인되고 상호작용적인 활동으로 고안되었고, 또 유아가 놀이하는 속도대로 진행되는 특징이 있다. 글자와 소리와의 관계를 지어 보는 연습이나 틀린 답이 나오면 '다시 해 보세요' 와 같은 행동주의 양상에서의 연습지 모습은 없는 앱이다.

| Endless Alphabet 앱 |

생각해 볼 문제

- 인터넷에 있는 노래(The ABC Song, A Says A 등)를 부르며 '내 발음'을 체크해 보자.
- 유아 단계에서 소개할 수 있는 파닉스의 수준은 무엇일지 토의해 보자.

제VII부에서는 영어교육 프로그램 실제를 구성주의 철학에 입각하여 예로써 소개한다.

한 가지 짚고 넘어가야 할 것은 이 프로그램은 우리나라와 같은 EFL 환경에 있는 교사를 위한 것이므로 하나의 가이드일 뿐이라는 것이다. 특히 구성주의 교실에서는 어린이의 흥미, 실험, 협동에 중점을 두고 재미있는 생각을 펴 나가게 하므로 교사마다 상황마다 다를 것임을 염두에 두어야 한다. 영어로 표현될 수 있는 구성적 질문이 무엇인지에 초점을 맞추어야 할 것이다.

제 Ⅶ 부

영어교육 프로그램의 실제

제 15 장

구성주의 관점의 이중언어교육

본 장에서는 구성주의 관점의 이중언어교육을 위해 우선 구성주의 관점의 교수법에 대해 살펴본 후 이중언어교육을 위한 접근에 대해 생각해 보고자 한다. 구성주의 관점은 피아제(Piaget) 이론을 기초로 카미와 드브리스(Kamii & DeVries)에 의해 개발된 구성주의 교수 접근을 의미한다. 이중언어교육은 이러한 구성주의 입장이 근간을 이루며 특히 모국어 우선으로 지향되고 있음을 반영하여 접근해 간다.

1. 구성주의 교육의 핵심

구성주의 관점의 교육은 근본적으로 피아제(Piaget)의 인지발달 이론에 영향을 받고 있다. 본 절에서 강조하는 구성주의 교육은 주로 피아제의 지능과 지식 이론에 기초함을 밝힌다. 피아제는 인지심리학자로서 앎이란 무엇인지를 밝히기 위해 유아가 어떻게 알아가는지에 대해 연구하였다. 피아제는 유아를 아무것도 모르는 존재가 아니라 자신의 현재의 지능을 사용하여 끊임없이 알아가고자 노력하는 존재로 보았다. 피아제는 유아가 알아가는 과정을 특히 동화와 조절, 그리고 평형, 불평형 이론을 통해 규명하였다.

유아는 세상의 이치를 알아가기 위해 끊임없이 자신의 지능을 사용하여 지적 관계를 만들며 동화와 조절을 해 나간다. 동화란 자신이 이미 알고 있는 지식을 바탕으로 새로운 경험을 해석하는 것이다. 예를 들어 소를 처음 보면서 이미 알고 있는 개라는 지식을 사용하여 소를 큰 개로 해석하는 경우를 보자. 유아가 자신의 지식구조 속에서 살펴보니 '소는 개보다는 크지만 개처럼 네 발로 걸으며 털이 있고 꼬리가 있다.' 그래서 소를 큰 개로 동화했다. 성인이 볼 때는 틀린 생각이지만 유아는 나름대로의 이치를 만들고 평형 상태에 있다. 유아의 동화는 조절을 필요로 하지 않을 때도 있지만 때로는 새로운 지식을 구성하기 위해 조절이 필요하다. 유아는 소와의 경험을 통해 소가 '음메' 하면서 우는 등 개와는 다른 점을 발견하고는 뭔가 이상하다는 것을 알아차리고 불평형 상태에 이르게 된다. 결국 유아는 조절을 하고 '소' 라는 지식을 구성하게 되면서 다시 평형 상태에 이르게 된다.

피아제는 또한 도덕적 발달에 대한 연구를 통해 성인과 유아와의 관계 유형에 따라 유아의 도덕성이 다르게 발달해 간다는 것을 밝혔다. 즉, 성인과 유아가 협동적인 관계에 있을 때는 자율적 도덕성이, 강요적 관계에 있을 때는 타율적 도덕성이 발달해 간다고 했다. 협동적인 관계란 성인이 유아를 인격적으로 존중하고 유아도 성인을 존중하는 관계이다. 강요적 관계란 성인이 유아에게 일방적인 명령과 지시를 내리고 유아는 성인을 일방적으로 존중해야 하는 관계이다.

도덕적으로 자율적인 유아는 지적으로도 자율적으로 자라난다. 이렇듯 구성주의 관점에서 유아는 이 세상의 이치에 대해 적극적으로 알아가고자 노력하는 존재이며 주변 환경과의 상호작용을 통해 지적으로는 물론 사회 도덕적으로도 발달해 간다. 사회적 상호작용의 중요성은 비고츠키(Vygotsky)의 이론이 대두되면서 구성주의에서 더욱 강조되었다. 따라서 구성주의 이론은 피아제와 비고츠키의 이론이 주를 이룬다고 해도 과언은 아니다.

2. 구성주의 교육 접근

피아제의 이론에 기초한 구성주의 접근 프로그램의 대표적인 것으로는 미술적 측면을 강조한 이탈리아의 레지오 에밀리아 접근법과 전통적 과학과는 다른 물리적 지식 활동(과학 및 화학 강조)을 강조한 카미와 드브리스의 구성주의가 있다. 구성주의 교육은 흔히 학습은 없이 놀이를 하는 교육으로 오해하는 경우가 많다. 그러나 구성주의는 놀이와 학습을 통한 인지·사회적 발달을 위한 교육을 강조한다. 구성주의 교수에서는 특히 흥미, 실험, 협동을 매우 중요시한다. 후반부에 가서 드브리스는 지적 관계 구성(혹은 파악)에 대해 강조하였다. 이들을 간단히 살펴보기로 한다.

1) 흥미

피아제에 의하면 흥미는 정신적 에너지의 자원으로 마치 휘발유가 자동차의 연료인 것과 같다고 표현하였다(Piaget, 1980). 그만큼 유아가 학습하기 위해서는 흥미가 중요함을 의미한다. 유아교육에서 흥미가 중요하다는 것은 일반적으로 많이 알고 있지만 흥미를 반영한 교육과정을 운영하기 위해서 무엇을 어떻게 해야 하는지는 모르는 경우가 많다. 흥미를 교육과정에 반영한다는 것은 학습은 반복 연습이 아니라 재미있는 놀이가 되어야 한다는 것이다. 그리고 교사의 지시가 아니라 유아가 주도적으로 시작해야 하고, 교사의 계획을 고수하는 것이 아니라 유아의 반응에 따라 계획을 변형하고 확장해야 함을 의미한다. 이를 실제와 연관하여 살펴본다.

① 흥미를 반영한 교육과정: 반복 연습이 아니라 재미있는 놀이를 통한 학습

유아는 흥미가 없으면 열심히 생각하는 데 필요한 정신적 에너지를 확장하지 않는다. 행동주의에서는 반복 연습을 통해 학습이 이루어지도록 하지만 구성주의에서는 재밌는 놀이를 통해 학습이 이루어지도록 한다. 예를 들어 합해서 5가 되는 조합에 관한 수학의 경우를 보자. 행동주의적 접근에서는 덧셈 학습을 위해 아래와 같은 방정식을 반복적으로 연습하게 한다. 교사의 지시대로 유아는 학습지의 활동을 한다.

● **덧셈 연습(연습 위주 접근)**

1+4=5
3+2=5
4+1=5
0+5=5

반면, 구성주의 접근에서는 유아에게 흥미 없는 연습보다는 재미있는 게임을 통해 유아가 자연스럽게 5의 조합을 알아가게 한다. 다음에 소개되는 '합해서 5'(Kamii & DeVries, 1980)는 규칙이 있는 게임으로 유아는 게임을 하면서 5의 조합을 열심히 생각하며 지적 에너지를 쏟아 붓는다. 이 프로그램에서 강조하는 것은 지적 발달과 함께 이루어질 수 있는 사회·정서적 측면의 발달이며 이를 위해 규칙을 게임에 적용하는 것이다. 규칙을 준수하는 것은 지적·도덕적 자율성도 함양해 주는 데 목적을 두는 것이다.

● **'합해서 5' 게임(구성주의 접근)**

〈규칙〉
1. 카드를 가운데 쌓아 놓는다.
2. 순서를 정한다.
3. 차례대로 카드를 하나씩 뒤집는다.
4. 합해서 5가 되면 가져간다.
5. 합해서 5가 되면 계속할 수 있다.
6. 뒤집을 카드가 없으면 게임은 끝난다.

만일 카드 더미에서 어린이가 2의 카드를 뒤집었다면 바닥에 있는 3의 카드와 합해서 5를 만들 수 있으므로 2와 3의 카드 두 장을 가져갈 수 있을 것이다. 이 게임은 성공하면 실패할 때까지 계속할 수 있다. 즉, 5의 조합을 더 이상 만들 수 없으면 차례가 끝나고 다음 사람에게 차례가 넘어간다. 더미에 있는 카드가 모두 젖혀지면 바닥에 있는 카드로 다시 더미를 만들어 계속한다. 카드가 모두 없어질 때까지 하며 더 많은 카드를 가진 사람이 이긴다. 유아를 더 많은 카드를 갖기 위해 흥미를 가지고 이 게임을 반복하고자 할 것이다. 이것도 일종의 반복 연습으로 볼 수 있지만 행동주의 접근에서 흥미 없는 주입식 반복 연습과는 질적으로 다른 것이다. 그룹 게임은 달성할 목표가 있다. 즉, 더 많이 카드를 가져가기 위해 열심히 조합을 만들어야 한다.

② 흥미를 반영한 교육과정: 교사의 지시가 아니라 유아 주도적으로 놀이 시작

교사의 지시가 아니라 유아가 주도적으로 놀이를 시작한다는 것은 유아가 흥미를 가지고 자발적으로 놀이를 시작함을 의미한다. 자신이 시작한 놀이에서 유아는 자신들의 아이디어를 실험해 보고 놀라워하기도 하고 흥미 있어 한다. 그러기 위해서는 충분한 놀잇감이 있는 환경이 중요하다.

만일 교사가 어떤 질문을 해야 한다고 생각하면 교구(놀잇감: 경사로, 굴릴 수 있는 물건들, 블록 등)를 제시하며 호기심을 불러일으키는 질문을 던진다.

"여기 있는 것으로 어떤 놀이를 할 수 있을까?"

그러나 교사 주도적으로 놀이를 시작한다는 것은 교사가 유아의 아이디어보다는 자신이 이미 계획한 생각과 방법을 유아에게 강요하는 것이다.

"자, 지금부터 우리 경사로 놀이를 할 거야."

이 말을 들은 유아는 타율적으로 교사의 의견대로 따라오게 된다. 즉, 행동주의 교사의 역할에 유아가 순종하는 것이다. 교사는 한 가지 활동만 하게 하는 질문을 할 필요는 없다.

쌓기 영역에서 유아는 널빤지와 동물 혹은 자동차 모형을 보고 과거의 경험대로 미끄럼을 만들어 놀이를 한다. 심지어 스스로 올라타기도 하다가 자신의 생각이 잘못됐음을 깨닫고 민망해하기도 한다. 경사면 위에 동물 모형을 올려 미끄럼을 태울 때도 생각대로 잘 안 될 때가 있다. 교사는 이때 구성적 질문을 할 수 있다.

"어떻게 하면 기린이 미끄럼을 잘 탈 수 있을까?"

질문을 들은 유아는 추론을 할 수 있다. 이렇게 교사는 적절한 자료와 질문을 통해 유아의 흥미를 불러일으킬 수 있는 것이다.

| 미끄럼 놀이 |

유아가 놀이를 할 때 교사가 위와 같은 구성적 질문을 할 수 있는 것은 구성주의 교사의 능력인데 이는 교사가 유아의 놀이를 관찰함으로써 가능한 것이다.

"기린이 자기 집에 들어가게 하려면 어떤 길을 만들어 주면 될까?" 하며 곡선 모양의 블록을 제시할 수도 있다.

③ 흥미를 반영한 교육과정: 교사가 계획한 것을 고수하지 않고 유아의 반응에 따라 계획 변형

흥미를 반영한 교육과정이란 교사가 자신의 계획안을 그대로 반영하는 것이 아니라 유아의 반응에 따라 변형시켜 가며 교육과정을 운영하는 것을 의미한다. 교사는 일 년의 교육계획안을 작성하고 그에 따라 점차 월간, 주간, 일일 교육계획안을 작성하게 된다. 이는 말 그대로 교사의 생각을 반영한 '안' 이지 그대로 실행해야 하는 '틀' 은 아니다. 가끔 학부모나 교사가 이를 착각하고는 계획대로 실행하지 않으면 문제가 있는 것으로 생각하는 경우가 있다. 우리가 일반적으로 '안' 을 짤 때 꼭 그대로 실행되어야 함을 전제로 하지 않는다. 안은 통과되기도 하고 거부되기도 한다. 그래서 철회될 수도 있고, 다듬어지고 변경되어야 한다. 교사는 계획안을 짜지만 유아에 의해 거부될 수도 있고 변형될 수도 있음을 알아야 한다.

유아를 인격적으로 존중한다면 교사의 계획안에 대한 유아의 이러한 반응을 교사는 수용하여야 한다. 흔히 '우리는 아동 존중(혹은 아동 중심) 교육을 합니다.' 라고 캐치프레이즈를 내걸면서도 이러한 측면을 무시하는 경우가 많다.

2) 실험

실험한다는 것은 어떤 아이디어를 시도해 보다 '실패' 하고 나서 다시 시도해 보는 것을 의미한다. 실험이라고 하면 흔히 실린더, 화학약품, 또는 화산 폭발 실험 등 실험 도구나 어려운 과정을 생각하기 쉽다. 이러한 실험에서는 앞서 말한 유아 주도가 아니라 교사가 주도하여 실험을 시작하고 그 과정과 결과를 알려 주며 따라 하도록 하는 것이 일반적이다.

예를 들어 보자. 산소가 있어야 불이 계속 유지될 수 있다는 것을 알려 주기 위해 유아교실에서 보통 촛불이 들은 비커 두 개를 보여 주고 그 하나에 뚜껑을 씌운다. "그럼 어떤 일이 일어날까?" 하고 교사는 유아가 예측하도록 한다. 유아는 잠시 후 뚜껑을 덮은 비커의 촛불이 꺼지는 것을 본다. 교사는 유아의 예측이 맞았는지 틀렸는지 확인하도록 한다. 이는 유아에게 마술 같은 현상이다. 산소가 눈에 보이는 것도 아니고 유아가 정말 궁금해서 시작한 실험도 아니라서 유아가 마음속에서 진정한 지식 구성의 과정을 경험하는 것이 아니다. 순간적인 호기심에 그칠 수 있다.

구성주의 교실에서 유아의 실험이란 이런 것들을 의미하지 않는다. 실험은 유아가 다양한 사물이나 상황에 대해 자신의 생각을 가지고 어떤 조치를 취해 보고 자신이 기대한 결과가 나왔는지 알아보고자 하는 것으로 일반적으로 과학자들이 다양한 변인을 가지고 실험을 한 후 실패하면 변인을 조절해 가는 것과 같다. 그래서 유아는 과학자라고 본다.

구성주의 교실에서 실험의 예 하나를 살펴보자.

어린이: (아이가 경사로를 만들어서 차를 내려 보내며)
이 자동차는 빙 돌아서 다시 올라갈 거야.
우리 아빠 차는 아파트 지하실로 내려갔다가 다시 올라와.

그러나 자동차가 어느 지점에서 멈추는 것을 본다. 기대했던 결과를 볼 수 없었던 것이다. 이 순간 유아는 뭔가 이상하다고 생각했을 것이다. 그리고는 새로운 길을 만들어야 했다. 이 유아는 자기가 만든 경사로에서 자동차가 내려갔다가 ㄷ자 길을 돌아 다시 경사로 위로 올라갈 것이라는 아이디어(가설)를 가지고 이를 확인(실험)해 보고자 했던 것이다.

| 자동차 길 만들기 |

이처럼 유아의 실험이란 성인의 눈으로 보자면 실수가 포함된 것이지만 유아는 아이디어를 시도해 보고, 실수를 하고, 기대한 대로 작용하지 않을 때 불평형을 경

험하며, 마음속에서 새로운 정보를 생각해 내어 다시 시도해 보면서 지식을 구성하거나 학습해 간다. 피아제의 관점에서 볼 때 유아는 실험을 할 때 지적으로나 정서적으로 불평형을 경험하고, 중심화와 탈중심화를 경험하며 정신적 관계를 만들며 학습해 간다. 이 이론을 위의 예로 적용해 보며 자율성을 강조하는 과학 활동에 대해 살펴보자.

① 불평형

불평형이란 뭔가 기대하지 않은 일이 일어난 것을 알고 느끼는 것이다. 앞서 말했듯이 피아제는 동화와 조절, 그리고 평형, 불평형이란 용어들을 가지고 유아가 알아가는 과정을 설명하였다. 다시 말해서 불평형이란 유아가 자신이 이미 알고 있는 지식을 바탕으로 새로운 상황에 대해 해석하고 동화하려고 하나 알고 있는 대로 결과가 나타나지 않을 때 느끼는 인지적 갈등(모순)과 정서적인 당황스러움이라고 할 수 있다. 앞에서 살펴본 자동차 길 만들기에서 유아는 아빠와의 경험으로 알게 된 사실을 자신이 만든 길에서의 자동차 놀이로 동화하며 같은 결과가 나타나길 기대했지만 돌아서 올라가기는커녕 내려가자마자 고꾸라지는 자동차를 경험한다. 순간 무슨 일인가 의아해하며 실망한다. 유아는 이 순간 마음속에 불평형을 경험하는 것이다. 피아제에 따르면 불평형 상태에서는 무엇인가 조절하여 평형상태로 가고자 하는 욕구가 생긴다. 따라서 학습의 동기가 형성되는 것이다. 이것이 구성주의 교실에서 유아에게 무엇인가를 배우도록 하기 위해 교사가 직접 가르치기보다는 유아가 불평형을 직접 경험하도록 하는 이유이다. 그래서 타율적인 지식보다는 자율적인 지식을 구성해 가는 것이다. 그리고 이것이 바로 관계를 파악하게 하는 원동력이 되는 것이다.

② 중심화와 탈중심화

중심화는 유아가 한 번에 한 가지 변인에만 몰두하는 현상을 말한다. 탈중심화는 중심화 현상에서 벗어나 다양한 관점에서 사물이나 사건에 대해 생각할 수 있는 것을 말한다. 피아제는 다양한 보존개념 실험을 통해 유아의 중심화 현상을 보여 준다. 잘 알려진 피아제의 보존개념 실험으로써 잘 설명된다(구체적인 실험 내용은 보편적 이론이므로 다른 참고 도서를 참고하기 바란다).

아래의 '튜브에 물 붓기' 사진을 보자. 왼쪽 유아는 낮은 쪽의 튜브에 물을 부으면서 높은 쪽의 튜브로 물이 나오기를 기대한다. 이때 유아는 낮은 쪽보다는 높은 쪽 튜브에 중심화 현상을 보여서 낮은 쪽 튜브에서 물이 계속 넘쳐 흐르고 있는 사실을 인식하지 못한다.

이때 교사는 구성적 질문을 한다. "이쪽에서 물이 계속 흘러나오고 있네."라고 개입하거나 "이쪽에서 부으면 물이 높은 쪽으로 나올 거라고 생각하니?"와 같이 교사는 유아가 낮은 쪽 튜브에서 무슨 일이 일어나고 있는지를 주목할 수 있도록 질문할 수 있을 것이다.

| 튜브에 물 붓기 |

③ 지적 관계(Mental Relationships)

지적 관계란 마음속에서 일어나는 어떤 것과 또 다른 것 간의 연결을 의미한다. 우리는 새로운 지적 관계를 만들면서 학습해 간다. 하나의 관계를 만들어 실험하고 실패하면 자신의 지식을 사용하여 새로운 관계를 만들어 내는 것이 곧 지능이다. 사실 이런 것은 놀기 위해서 일어나는 일들이지만 놀면서 자연스럽게 지능을 발달시키고 지식을 구성해 가는 경우에 해당한다.

눈썰매를 만들어 타는 유아의 예를 들어 보자. 눈썰매를 만든 후, 유아는 썰매를 타기 위해 밖으로 나갔다. 끈을 잡아끌자마자 끈은 끊어지고 말았다. 이렇게 실패하고 나서야 유아는 끈의 강도와 썰매 위에 탈 사람과의 무게의 관계를 생각하게 된 것이다.

| 눈썰매 만들어 타기 |

요리 활동에서도 이러한 지적 관계 맺기를 생각해 볼 수 있다. 반죽을 너무 되게 하거나 너무 묽게 하면 과자 만들기가 쉽지 않다. 그래서 반죽을 할 때는 반죽의 농도와 모양 만들기에 관한 관계를 생각해야 한다. 또한 구울 때 노릇한 과자의 색깔 정도와 맛의 정도에 관한 관계를 짓기도 한다.

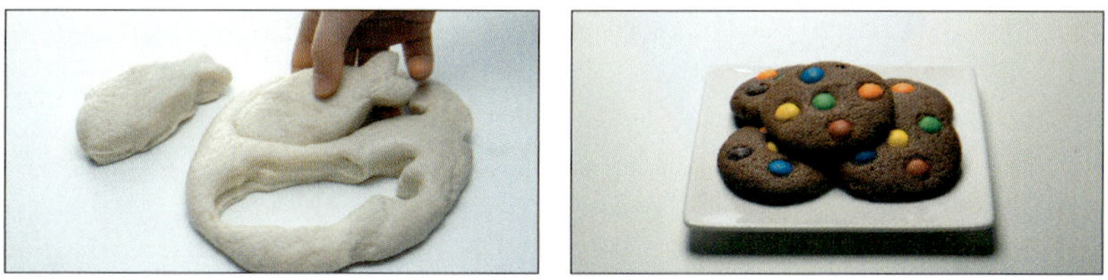

| 과자 만들기 |

앞의 '자동차 길 만들기' 를 다시 보자면 유아는 이 경사로 활동에서의 경사의 정도, 자동차의 형태, 그리고 자동차의 움직임과의 정신적 관계를 맺게 될 것이다. 자신이 만든 지적 관계를 가지고 시도해 보았으나 원하는 결과를 얻지 못했을 때 유아는 새로운 관계를 만들어야 한다. 전에 만든 지적 관계를 가지고는 원하는 결과를

얻을 수 없을 때, 즉 실패했을 때 문제를 해결하기 위해 자신의 지능과 지식을 사용하여 새로운 관계를 만들어 내야 한다. 즉, 경사의 정도를 바꾸거나 움직이는 물체를 자동차에서 구슬로 바꾸는 등의 조치를 취하면서 새로운 관계를 맺는 것이다. 이런 경우가 바로 지능을 사용하는 것에 해당된다. 새로운 관계를 많이 맺으며 지능을 많이 사용할수록 지능은 발달해 가는 것이다.

피아제는 "지능은 지적 관계의 구성이다"(Piaget, 1936), "지능은 한 사람이 사용할 수 있는 지적 관계의 전체적인 네트워크이다"(Piaget, 1975), "유아는 점점 더 많은 지적 관계를 구성함으로써 점점 지식이 증진될 뿐 아니라 지능적이 되어 간다"(Piaget, 1977, 1978, 1980)고 말했다. 초기 구성주의와 달리 후반부에 이르러 드브리스는 지적 관계 구성에 대해 경사로와 요리 활동과 관련하여 자주 언급하며 강조(Sales, 2011)하였다.

3) 협동

구성주의 교육의 제1원리는 교실의 모든 대인관계(교사와 각 개별 유아 간) 속에서 상호 존중하는 분위기를 육성하는 것이다. 구성주의 교사는 유아의 흥미를 존중하고, 그들의 아이디어(비록 실수적인 아이디어일지라도)와 인격을 수용함으로써 적절한 대인관계 분위기를 창조해야 한다. 그래서 교사의 도전은 어떻게 유아가 도덕적 품성을 구성할 수 있는 조건을 창조할 수 있는가 하는 것이고 이 조건은 바로 교실의 대인관계적이고 사회 도덕적인 분위기를 형성하는 것이다.

도덕성은 단지 우리가 무엇이 옳다고 생각하는지를 유아에게 말함으로써 가르쳐질 수 있는 것이 아니다. 피아제(Piaget, 1932)는 성인과 유아 간에 힘의 관계에 따른 사회 도덕적 발달의 두 가지 유형에 대해 언급했다. 성인과 유아의 관계가 강요와 복종으로 이루어질 때는 둘 간에 동등하지 않은 파워가 형성되고 유아는 강요적인 성인에 의해 규제를 받게 되면서 타율적 도덕성을 기르게 된다. 성인과 유아의 관계가 협동적일 때는 둘 간에 심리적으로 좀 더 동등한 파워가 형성되면서 유아의 자율적인 자기규제가 가능해지고 자율적 도덕성을 기르게 된다.

| 타율적 혹은 자율적 도덕적 분위기 교실 모습 |

그런 이유에서 구성주의 교실에서 협동적인 교사는 유아와 협동적인 관계를 유지하기 위해 자신의 권위를 축소하며, 가능한 한 유아에게 많은 선택의 기회를 제공하고 집단에서 의사결정을 할 수 있는 기회를 제공한다. 예를 들어, 교실 규칙 정하기나 투표하기는 이를 위한 좋은 활동이다. 활동적인 교실에서는 일상적으로 유아 간에 문제가 일어날 때가 많다. 쌓기놀이 영역에서 블록을 더 많이 차지하려거나 다른 사람이 내가 쌓은 집을 무너뜨렸을 때 또는 바깥놀이에서 자전거를 서로 타려고 할 때 유아 간에 갈등이 일어난다면 이는 교실 전체 토의에 붙일 수 있다. 집단토의를 통해 문제가 해결된다면 가장 이상적이지만 그렇지 못할 경우 투표하기를 통해 민주적으로 공평하게 문제를 해결할 수 있음을 유아는 경험한다.

이런 경험은 자율성을 길러 주기 위한 과정이며 결정된 의견을 존중하는 태도는 높은 수준의 도덕성을 길러 주는 것이다. 구성주의가 강조하는 것은 이런 과정에서 유아의 인지적 발달뿐만 아니라 도덕적 자율성을 길러 주는 포괄적 교육 목적을 성취하는 것이다.

3. 구성주의 기반의 이중언어교육 접근

본 절에서는 세계적인 교육정책의 변화를 살피면서 구성주의 접근의 방향성에 대해 살핀다. 그리고 우리나라 융합교육정책을 반영한 구성주의 기반의 모국어 교육 내용을 재검토한 후, 모국어 우선 교육에 근거를 둔 이중언어교육 접근에 대해 살펴보기로 한다.

1) 교육정책 변화의 영향

세계적으로 일어나고 있는 교육정책은 국가 간 경쟁이라고 해도 과언은 아니다. 소련이 인공위성 스푸트닉을 1960년대에 미국보다 먼저 발사함으로써 과학교육에 대한 정책이 바뀌어져 왔다. 특히 미국의 경우, STEM(Science, Technology, Engineering, Math) 강조 정책은 과학교육에 더 많이 투자되었으며 구성주의 프로그램(북아이오와 대학 부속기관)에 지원되었다. 이로 인해 구성주의 교육은 초기의 프로그램에 공학(engineering) 지향의 테크놀로지가 기존의 구성주의 프로그램에 새로운 면모를 나타내도록 하였다. 앞 장에서 이미 언급했듯이 카미와 드브리스가 개발한 기존의 프로그램에 물리과학의 측면의 도구 사용을 좀 더 강조하고 있다.

그런가 하면 2012년부터 미국 초중고 공립학교에서는 공통적 핵심 국가 기준 CCSS(Common Core State Standard)이라고 하는 새로운 공통 교육과정에 맞추어 수업이 진행되고 있다. 이러한 변화는 1990년부터 여러 주의 교육과정을 통합하려는 움직임으로부터 시작되었다. 이 개혁운동은 1994년 연방 미국 학교개선법 제정과 함께 국가 전략으로 발전되었으며 2001년 NCLB(No Child Left Behind)라는 낙제학생 방지법을 제정하면서 더욱 강화되었다. 그리고 2010년, 주 교육감협회 CCSO(Council of Chief School Officers)와 미국 전국 주지사협회 NGA(National Government Association)에서는 전국 표준 기준(standards: 그 학년에 배워야 할 기준)을 개발하였다.

이 표준 기준은 다음과 같은 특징이 있다.

첫째, 풍부한 컨텐츠를 포함한 교육과정이다. 특히 언어 부분에서는 이야기, 드라마, 시, 신화, 역사, 사회과학 텍스트를 아우르는 많은 종류의 질 좋은 책 읽기와 개념책을 강조한다. 읽기 능력은 모든 교과목에 포함된다.

둘째, **학생들 능력과 발달에 맞게 교사가 조절하고 강화**해야 한다. CCSS에서는 학생의 수준에 따라 교사가 어떻게 개입할지 구체적인 지침을 제시하지 않는다. 따라서 교사는 같은 교육 기준이라 할지라도 어린이의 능력에 따라 더 쉽거나 어렵게 변형시켜 개입할 수 있어야 하며 교사는 각각의 어린이에 맞춘 목표와 활동을 제시하고 그에 맞게 상호작용해야 한다.

셋째, **대학교육 및 취업을 준비할 수 있도록 구성**되어 있다. 학생들은 학문적으로 대학교육에 대한 철저한 준비가 되어 있어야 하는데 특히 저학년에서의 사회적, 정서적, 신체적 발달이나 학습에 대한 태도를 갖추는 것이 강조된다. 특히 CCSS는 초중고 교육과정 후 성공적으로 대학에 진학하고 일을 할 수 있도록 돕고 있다.

넷째, 문학책뿐만 아니라 **정보책을 많이 읽는 것을 강조**한다. 1980년도 언어운동의 결과로 거의 문학책으로 도배된 현재의 유아, 초등 단계의 독서 풍토에서 정보책과 텍스트의 비율을 증가시키는 것을 목표로 한다. 정보책을 읽는 비율은 학년이 올라갈수록 더욱 높아져서 12학년의 경우 문학책 30%, 정보책 70%의 비율이다. 유아 단계에서 정보책 읽기 비율은 2014년부터 50%로 높아졌으며 읽기 시간도 하루 30~40분으로 늘려 갈 것을 권장한다(CCSS, 2014).

위와 같은 정책의 변화에 가장 민감하게 반영된 것은 세련되고 균형 잡힌 시험(Smart Balanced Testing)의 내용이다. 초등학교 3 · 4학년 수준의 수학은 다음과 같다.

수 학

43025

Five swimmers compete in the 50-meter race. The finish time for each swimmer is shown in the video.

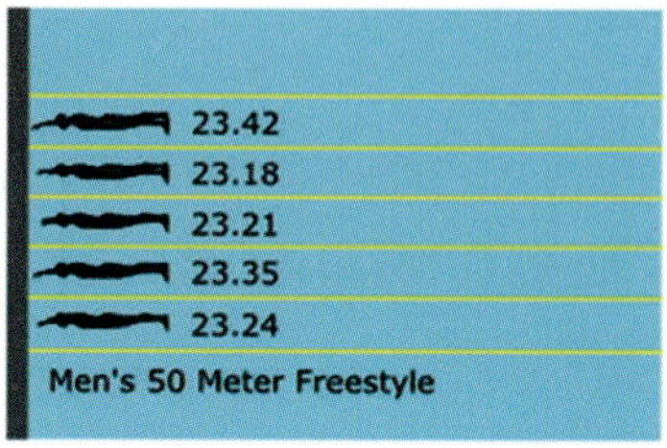

Explain how the results of the race would change if the race used a clock that rounded to the nearest tenth.

문 제

5명의 수영 선수가 50미터 경주(자유형)를 끝냅니다. 각 수영 선수가 끝낸 시간은 비디오에 나타난 것과 같습니다.

만일 경주에 반올림을 하는 시계를 사용하면 경주의 결과는 어떻게 설명될 수 있을까요?

CCSS의 정책적 변화는 평가로 나타나고 있다. 즉, 세련되고 균형 잡힌 시험(Smart Balanced Testing)으로서 2014년부터 쓰이며 기존의 시험과는 매우 다르게 구성되었다. 학생들은 언어와 수학 모든 문제에서 서술형 답안을 작성해야 한다. 학생들은 본문을 읽고 자신의 답을 개방적·창의적으로 글을 써야 한다. 왜 그러한 생각을 하게 되었는지 그 이유와 과정을 본문에 의거하여 제시해야 한다.

이런 시험에 성공적이기 위해서는 기존의 교사 중심과 암기 위주로는 효과적이지 않다. 이런 시험은 초등학교 3학년부터 12학년의 아이들에게 적용되지만 그 여

파는 유아 단계 교육 방법에도 영향을 끼친다. 즉, 창의적·논리적으로 생각하며 자기 의견을 정보에 의거하여 잘 나타내야 하는데 이는 유아 단계에서 좀 더 구성적 측면이 강조되어야 함을 알게 한다.

유아는 다양한 종류의 문학을 경험해야 하며 심층적 내용을 다루고 정보를 정리하고 처리하는 능력을 길러야 한다. 무엇보다도 유아 단계에서는 후에 서술형 문제에 대비할 수 있도록 개방적인 질문들을 자주 하고 자신의 생각을 조리 있게 말 할 수 있도록 하는 교육, 유아로 하여금 스스로 생각하여 문제를 해결할 수 있도록 하는 구성주의 교육이 모국어로 우선되어야 하며 심층적으로 이루어져야 한다.

더 이상 행동주의나 교사 위주, 설명적 방법은 세계적으로 일어나고 있는 개혁에 대응할 수 없음을 시사해 준다. 유아가 다양한 장르의 문학책은 물론 개념책과 정보책에 많이 노출되어 언어 우선의 교육을 실천해야 한다. 과학, 수학에서도 읽기를 우선함으로 문학이나 정보 위주로 실시되는 교육과정이 적용되어야 한다. 이는 본 절의 3항에서 다시 정리된다.

2) STEaM 강조의 구성주의 교육

STEaM은 원래 최근에 세계적으로 강조되고 있는 과학의 통합적 접근이라 할 수 있는 STEM(Science, Technology, Engineering, & Mathematics)에서 유래되었음은 앞 장에 소개하였다. 따라서 본 절에서는 물리적 지식 활동의 교수법을 통해 STEaM 수업 방법을 강조하는 구성주의 측면을 밝혀 보고자 한다. 모국어로 이행하는 프로그램에서 어린이는 심층적인 생각을 자유롭게 나눌 수 있다.

물리적 지식(PK: Physical Knowledge) 활동

카미와 드브리스(Kamii & DeVries, 1980)는 물리적 지식 활동이라는 용어를 사용하여 구성주의 교실에서의 과학교육을 특성화하였는데, 전통적 과학과는 다른 어린이 중심의 과학 활동이다. 물리적 지식 활동이란 앞서 실험을 통해 언급했듯이 유아가 나름의 아이디어를 가지고 특정한 방법으로 어떤 움직임을 만들어 보고 실패하면 뭔가를 다시 바꾸어 재도전하면서 더듬더듬 뭔가 알아내려는 유아의 과학 활동이다.

이러한 물리적 지식 활동을 통해 유아는 물체에 행동을 가하고 어떤 일이 일어날지 관찰하면서 물체의 세계가 어떻게 작동하는지에 대한 호기심을 가지고, 지적 관계를 만들어 보면서 지식을 구성한다. 즉, 지능을 발달시켜 간다. 그리고 생각하는 능력에 대한 자신감을 발달시키고, 실험하고 뭔가를 알아내는 능력에 대한 자신감을 발달시킨다.

물리적 지식 활동은 크게 물체의 움직임에 관한 활동과 물체의 변화에 관한 활동으로 구분된다. 전자는 물리과학에 해당하고 후자는 화학에 해당한다. 그리고 이 둘 간의 활동이 있다. 이를 그림으로 나타내면 다음과 같다.

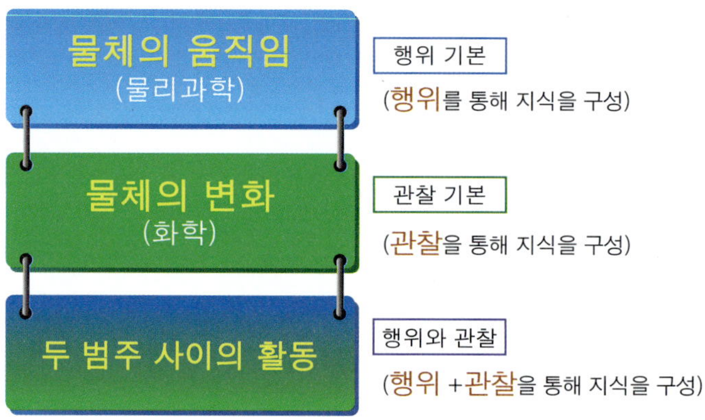

물체의 움직임에 관한 활동으로는 공 굴리기, 불기, 균형 잡기, 당기기, 던지기 등과 같은 활동이 있다.

공 굴리기

입으로 불기

균형 잡기

당기기

던지기

| 행위 위주의 물리적 지식 활동 |

물체의 변화에 관한 활동으로는 요리하기, 도자기 만들기, 얼음과 물을 가지고 놀기, 왁스를 녹여 초 만들기와 같은 활동이 있다.

요리하기

도자기 만들기

물 놀이

| 관찰 위주의 물리적 지식 활동 |

위와 같은 물리적 지식 활동 외에 두 범주에 속하는 활동이 있다. 물에 뜨고 가라앉는 물건 발견하기, 체로 쳐서 굵은 것 가려내기, 확대경으로 보기, 거울 보며 물체

보기, 자석 활동, 그림자 놀이 등이 있다.

물에 뜨고 가라앉는 물건 발견

체로 치기

확대경으로 보기

거울로 방향 보기

자석 놀이

그림자 놀이

| 행위와 관찰 위주의 물리적 지식 활동 |

좋은 물리적 지식 활동의 기준으로는 생산성, 즉각성, 관찰성, 다양성을 들 수 있다. 즉, 유아가 자신의 행동으로 인해 어떤 결과를 만들어 낼 수 있어야 하며, 즉각적으로 그 결과가 나와야 하며, 그 결과를 눈으로 볼 수 있어야 하고, 마지막으로 유아가 다양한 행동으로 다양한 결과를 만들어 낼 수 있어야 한다.

이러한 물리적 지식 활동의 교수법은 자료를 가지고 실험하도록 하며, 흥미를 불러일으키는 방법으로 자료를 소개하고, 아이디어를 가지고 뭔가를 어떻게 해야 할지 알아낼 수 있도록 환경을 만들어 주고, 유아가 자신의 아이디어를 주도적으로 시도해 보도록 한다. 또한 유아의 행동을 이해하기 위해 관찰하고 그들의 아이디어를 평가하며, 적절한 질문으로 유아의 생각을 묻고 그들의 추론(지적 관계)을 격려하며, 교사 질문에 반응하지 않을 때는 추궁하지 않는다. 더불어 유아의 표상과 아이디어에 대한 토론을 지원하고 물리적 지식 활동을 모든 교육과정으로 통합하며 사회적 상호작용을 격려한다.

3) 구성주의 관점의 이중언어교육 교수법

위에서 언급한 것을 이중언어와 연관해서 다시 강조하면 구성주의 교실에서의 이중언어교육 접근은 무엇보다도 유아의 흥미, 실험, 협동, 그리고 지적 관계 파악을 위한 교수법이 실행되는 가운데 우선 모국어로 심층적으로 이루어져야 한다는 것이다. STEaM 활동이 심층적으로 이루어지기 위해서도 교육 내용은 모국어로 이루어져야 한다. 그런 후에 핵심적 표현을 영어로 표현하도록 돕는 것이 중요하다. 모국어로 수업을 해야 하는 이유는 다음과 같다.

- 모국어는 쉽다. 그리고 어휘 수도 외국어보다 많다.
- 모국어는 자연스러운 상황에서 언어를 습득하게 한다.
- 모국어를 사용해야 심층적 토의가 일어날 수 있다.
- 모국어로 국가교육과정, 누리과정의 과학적 개념 및 지식을 구성할 수 있다.
- 모국어로 개념을 익힌 후, 핵심언어 표현으로 목표언어는 쉽게 습득된다.
- 모국어를 잘하는 유아가 외국어도 잘한다.

다음 항에서는 핵심 표현의 목표언어(영어) 교육의 예를 실험, 협동, 그리고 지적 관계 파악을 위한 교수법으로 살펴보기로 한다. 계획하기, 흥미, 실험, 협동, 지적 관계 파악하기, 그리고 확장 활동을 목표언어(영어)로 핵심 표현 중심으로 하는 과정을 그림으로 소개한다.

(1) 계획하기

교육 계획은 거미줄 모형으로 하여 통합적 접근을 한다. 본 항에서는 그림책 *Little Miss Muffet*을 중심으로 코티지 치즈를 만드는 화학 활동을 계획하는 것으로 한다.

계획을 하고 전개를 할 때 고려할 것은 앞에서 언급했듯이 흥미, 실험, 협동, 지적 관계 파악이라는 강조점을 염두에 두고 전개할 수 있다. 그리고 더 나아가 창의와 논리를 길러 주는 확장 활동도 첨가할 수 있다. 이를 활동과 연계하여 정리하면 다음과 같다.

✠ 코티지 치즈(Cottage Cheese) 만들기

① 흥미: 그림책 읽기, 요리표 읽기, 먹기/맛보기

② 실험: 치즈 만들기

③ 협동: 요리 재료 함께 섞기, 치우기

④ 지적 관계 파악: 요리 재료 섞고 변화 관찰하기, 화학적 변화 기록, 온도 변화 알기, 다른 맛 구분하여 표현하기

⑤ 확장 활동: 다른 영역(언어) 및 창안하기(새 토핑 만들기)

'코티지 치즈(Cottage Cheese) 만들기' 의 단계별 내용을 자세히 살펴보자.

① 흥미

그림책을 읽는다. 그리고 요리 재료, 도구와 순서에 대한 핵심 표현의 읽기를 한다.

Little Miss Muffet
Sat on a tuffet
Eating her curds and whey
There came a big spider
Who sat down beside her
And frightened
Miss Muffet away

유아가 재미(흥미)있게 그림책을 읽은 후, 요리표도 읽는다.

맛있게 먹기 위해서는 어떤 음식 재료가 필요한지, 또 어떤 도구가 어떻게 생겼는지, 요리 순서를 알아가는 핵심 표현의 읽기를 한다.

② 실험

요리 순서대로 치즈를 만드는 요리를 한다. 요리 자체가 실험인 것이다. 요리표대로 하며 요리를 하면서 도구의 기능을 알게 된다.

열이 가해지면서 김이 올라오고 표면에 우유 막이 살짝 생긴다. 식초를 떨어트리면 두부처럼 커드와 물로 분리된다. 체에 거르면 두부처럼 하얀 치즈가 생긴다. 바나나나 파인애플을 위에 얹어 먹으면 고소하다.

실험하는 중에 "무슨 일이 일어났지?"라는 궁금증이 풀려 간다. 그 과정을 그림이나 글로 기록한다. 내가 그림으로 그리고 기록한 것을 알려 주기 위해 재미있는 생각을 친구에게 알려 준다.

충분히 실험을 한 후에는 새로운 것(토핑)을 창안해 보게 된다.

딸기를 토핑으로 하면 어떨까?

초콜릿 시럽은 어떨까?

③ 협동

구성주의 교육에서는 지식의 구성도 중요하지만 유아의 자율성을 중요시한다. 이를 위해서는 협동을 강조한다. 주 요리사의 말을 듣고 그대로 협력하는 것, 만들 때 함께 하기, 쟁반을 나를 때도 함께 들기, 치우기도 함께 하며 즐거움도 느껴 보게 한다.

음식 이름이 있는 집중 게임(혹은 메모리 게임)은 카드 게임이나 상호작용적 앱으로도 할 수 있다.

메모리 게임

상호작용적 앱

| 그룹 게임 |

④ 지적 관계 파악

지적 관계 파악은 맛을 알아보고 실험하는 동안에 유아 스스로 생각하고 관계를 짓는 것이다. 간단한 기록은 맛이 있었는지 Yes/No로 표시하는 것이다. 특히 기록하는 동안 관찰한 것을 그림으로 그리거나 기록하면서 논리적으로 정리할 수 있다.

관계를 파악하게 해 주는 핵심 영어 표현은 다음과 같은 것이 있다.

"What happened?"

"I wonder … what happened to the milk?"라고 질문하며 궁금해한다(wonder)는 표정을 지어 보일 수 있다.

유아가 표현력이 부족하거나 단어를 몰라 침묵할 경우, 교사는 다시 질문하거나 말해 준다.

After adding vinegar, what happened to the milk?

The milk changed.

It became curds and whey.

Let's draw curds. (그림으로 기록하기)

What Happened?

I wonder what happened to the milk.

After adding vinegar,

what happened to the milk?

Did the milk change into cottage cheese?

Did it became curds and whey?

Draw curds.

Draw whey.

⑤ 확장 활동

확장 활동은 수학과 단어 알기 등 다른 영역으로 할 수 있으며 궁극적으로는 창안하기로 이끈다.

Orange, white, black … What comes next?와 같은 수학의 핵심 표현을 하며 패턴의 질문을 한다. 언어 활동에서 파닉스의 기초 활동도 자연스럽게 소개한다. Muffet … Tuffet 단어 알기에서는 a-z에서 cottage cheese가 어떤 글자로 시작되는지 찾아 동그라미를 그려 본다. 혹은 c 글자를 한 번 써 본다.

확장 활동에서 유아는 자기만의 토핑을 생각해 보며 창안하기를 해 본다.

Can you think of different topping?

You can draw it.

And show it to us.

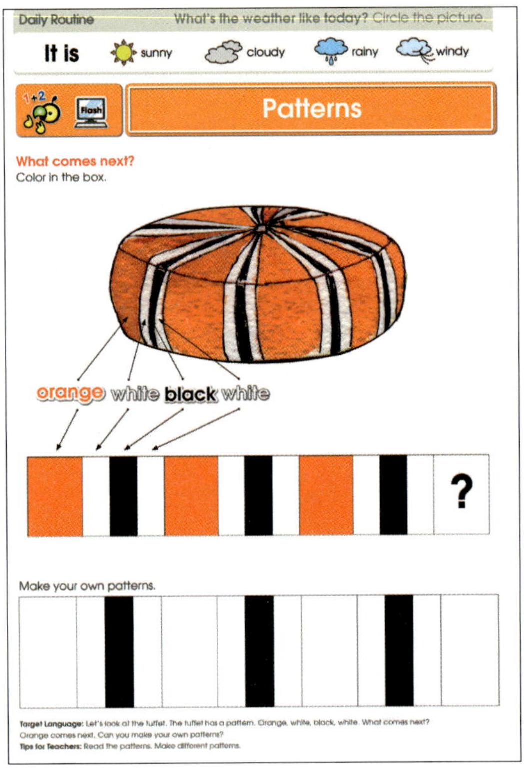

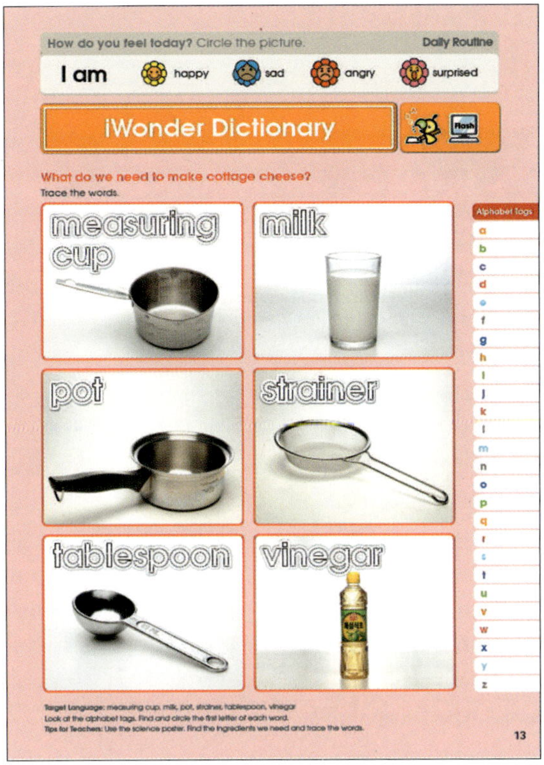

맛을 본 후, 두 가지 맛의 차이를 인식하고 그 관계를 파악하는 것도 지적 관계의 구성이다. 지적 관계를 구성하고 난 후 유아는 무엇인가 새로운 것(맛)의 토핑을 창안해 낼 수 있다. 어떤 때는 실패를 하지만 그것은 성공의 과정인 것이다.

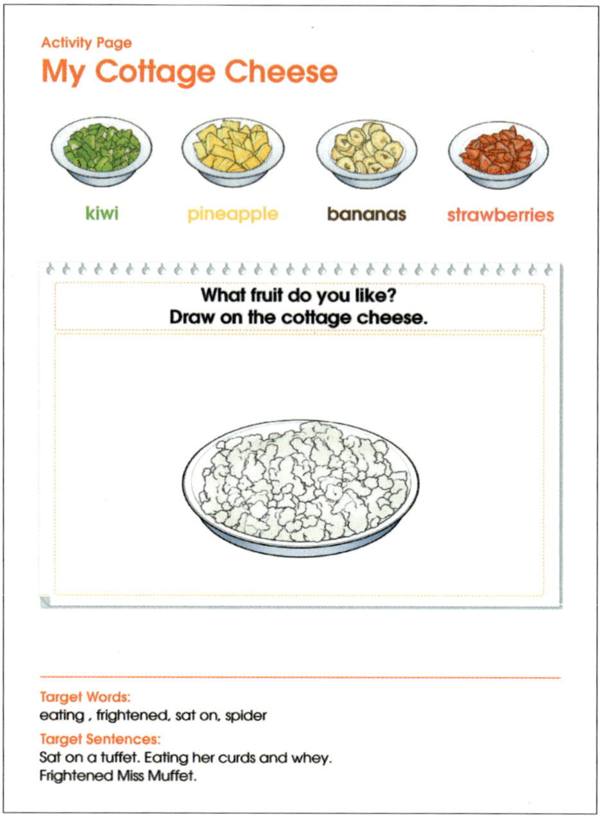

결국 구성주의 관점의 이중언어교육 접근은 구성주의에서 강조하는 흥미, 실험, 협동, 지적 관계 구성을 위한 교육과정을 모국어 우선으로 이행함을 중요하게 생각한다. 모국어를 사용하는 것은 심층적으로 상호작용을 잘할 수 있게 하는 관건이 되는 것이며, 탐색하고 실험하고 과학적 개념을 쉽게 형성하게 한다. 그리고 재미있는 생각을 나누는 데에도 필수적이다.

모국어로 국가 교육과정의 개념을 구성적으로 형성한 후에는 목표언어(영어)교육은 흥미 있는 활동 중에서 핵심 표현으로 STEaM의 통합적·구성적 활동으로 이루어질 수 있다. 여기서 강조할 것은 재미있는 생각을 펴 나아가는 것이며 다른 친구들에게도 알려 주는 것이다. 이는 곧 창의적 사고의 전개이며 훗날 CCSS에 나타났듯이 성공적이고 더 나아가 대학과 직업 생활로 연결되는 것이다.

구성주의 교육은 초기의 카미와 드브리스의 프로그램에서 더 발전하여 지금은 세계가 지향하는 과학교육(STEaM)과 교육 정책의 변화에 따라 발전되고 있다. 좀 더 언어 혹은 이중언어를 강조하며 다른 영역과 미디어 기기 사용과 통합하는 과정에서도 언어는 전보다 더 강조되고 있다. 따라서 구성주의적 접근은 상호작용적 모습으로 제 영역(사회, 수학, 미술 등)에서도 언어를 강조하는 모습으로 되어 가고 있다.

생각해 볼 문제

- 유아 영어교육에 반영되어 나타나는 STEaM을 강조한 구성주의 관점의 실례를 찾아보자.

제 16 장

영어교육 프로그램 계획

본 장에서는 구성주의 프로그램을 연간 영어교육 계획과 연계하여 학습 사이클(Learning Cycle) 중심의 계획으로 살펴본다. 영어교육 프로그램을 실시하기 전에 반드시 모국어를 사용하여 국가가 제시하는 교육 기준(누리과정)의 활동을 먼저 실시할 것을 권장한다. 그리고 그 후에 핵심 영어 표현 혹은 개념 형성을 위한 EFL 환경에서의 영어 프로그램을 실천하는 것에 초점을 맞춘다.

1. 연간 교육 계획

구성주의 영어교육 프로그램은 연간 10개의 생활주제와 연계될 수 있도록 총 10권의 그림책과 저널이 있다. 누리과정의 주제에 따라 활동을 선정하여 유아기에 다루어야 하는 내용을 포함하여 융합교육(STEaM)을 강조한다. 융합교육이란 앞 장에서 언급했듯이 우리나라 교육정책으로서 세계 여러 나라와 발맞추는 과학창의를 지향하는 정책이다. 다음 그림에 그 의미가 나타나 있다. 융합교육(STEaM)이란 과학(Science), 테크놀로지(Technology), 공학(Engineering), 미술(Arts), 수학(Math)과 같은 영역의 내용 간의 융합을 의미한다.

연간 교육과정과 다음과 같은 주제를 연계하여 연간 교육 계획을 통합적 접근으로 한다.

〈표 16-1〉 저널의 주제와 다루는 내용

월	주제	내용
3	All about Me	이름, 기분, 신체 부분 이름, 건강, 유치원 놀이, 사람들, 친구, 놀잇감
4	Animals	동물 이름, 소리, 종류, 특징
5	My Family	가족 구성원, 이름, 수, 좋아하는 것, 하는 일, 집, 방, 도구
6	Community	직업, 장소(기관), 시장, 물건 이름, 서비스
7	Health	날씨, 물놀이, 과일, 위생, 바다
8	Celebration	음식, 의복, 집, 언어, 나라 이름, 국기
9	Transportation	놀잇감, 도구와 기계, 육상/해상/공중 교통, 이름, 특징, 안전
10	Tools & Machines	주변의 도구와 기계, 부엌에서 볼 수 있는 도구, 전기를 이용한 도구
11	Seasons	계절, 놀이 스포츠, 음식, 동식물(겨울잠)
12	Earth & Environment	지구 환경(바다, 육지, 하늘, 정글, 사막, 산, 들, 강 등), 환경보호, 절약하기, 재활용, 생태, 우주

융합과학교육의 내용 및 기준(Standards)은 미국의 과학 주로 알려진 미네소타 주(Minnesota Standards)를 참조 추출한다.

| www.mn-stem.com |

2. 월간 및 주간 계획

월간 계획은 거미줄 모형으로 나타낼 수 있으며 다른 영역과 통합을 이루도록 한다. 영역별 활동이란 Language Arts, Phonics, Science, Math, Creative Arts Social Studies, Music 등으로 거미줄 모형(webbing)으로 계획하며 주제와 관련된 활동을 제시한다.

다음은 '동물'을 주제로 한 저널의 통합적 접근(거미줄 주제망)으로 월간 및 주간 계획을 한 것이다.

| '동물(Animals)' 주제망 |

3. 일일 계획 – 학습 주기(Learning Cycle)의 특징 강조

일일 계획은 학습 주기로 나타낼 수 있다. 학습 주기란 한국과 미국에서 공용되는 것으로 일일교육과정의 교육계획안이다. 학습 주기(Learning Cycle)는 사전활동(Preview Lesson) 혹은 모국어로 이루어지는 교육과정 – 일상적 반복 활동 – 주활동 – 음소활동 – 개별 활동으로 이루어지는 것이며 사이클을 나타내는 원형 그림으로 나타낼 수 있다. 이 주기는 이중언어교육 프로그램을 성공적으로 이끌어 주는 요소라고 할 수 있다. 이를 간단히 설명하면 다음과 같다.

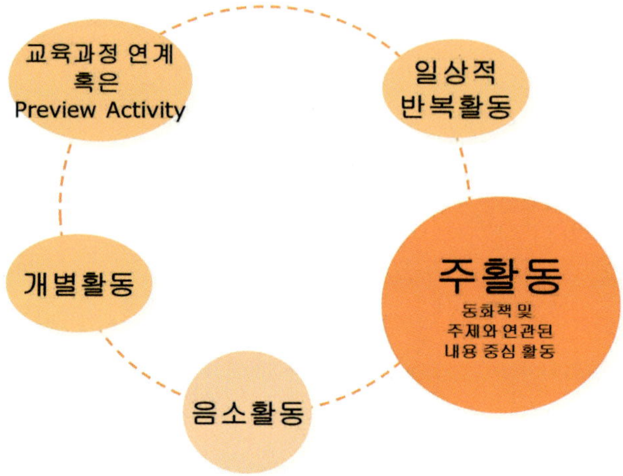

1) 사전 활동(Preview Lesson)

▣ 모국어로 구성주의 교육과정 활동하기 혹은 개념을 모국어로 소개하기

영어로 새로운 주제와 이야기를 시작하기 전에 모국어로 누리과정과 연계한다. 전반적인 개념은 모국어로 이루어진다. 어려운 게임을 모국어로 이야기를 나눈다. Preview Lesson은 주제와 관련된 내용에 친숙하게 다가가도록 모국어로 도와주는 것이다.

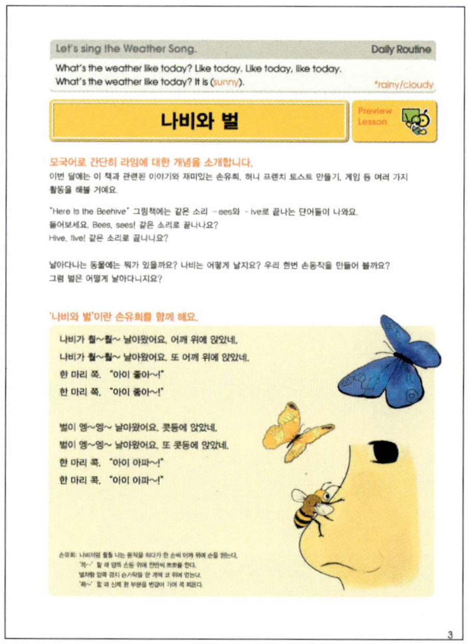
Let's sing the Weather Song. Daily Routine

What's the weather like today? Like today. Like today, like today.
What's the weather like today? It is (sunny). *rainy/cloudy

나비와 벌 Preview Lesson

모국어로 간단히 라임에 대한 개념을 소개합니다.

이번 달에는 이 책과 관련된 이야기와 재미있는 손유희, 허니 프렌치 토스트 만들기, 게임 등 여러 가지 활동을 해볼 거예요.

"Here is the Beehive" 그림책에는 같은 소리 -ees와 -ive로 끝나는 단어들이 나와요.
들어보세요. Bees, sees! 같은 소리로 끝나나요?
Hive, five! 같은 소리로 끝나나요?

날아다니는 동물에는 뭐가 있을까요? 나비는 어떻게 날지요? 우리 한번 손동작을 만들어 볼까요?
그럼 벌은 어떻게 날아다니지요?

'나비와 벌'이란 손유희를 함께 해요.

나비가 훨~훨~ 날아왔어요. 어깨 위에 앉았네.
나비가 훨~훨~ 날아왔어요. 또 어깨 위에 앉았네.
한 마리 쪽. "아이 좋아~!"
한 마리 쪽. "아이 좋아~!"

벌이 엥~엥~ 날아왔어요. 콧등에 앉았네.
벌이 엥~엥~ 날아왔어요. 또 콧등에 앉았네.
한 마리 콕. "아이 아파~!"
한 마리 콕. "아이 아파~!"

손유희: 나비처럼 훨훨 나는 동작을 하다가 한 손씩 어깨 위에 손을 얹는다.
'쪽~' 할 때 양쪽 손등 위에 한번씩 뽀뽀를 한다.
벌처럼 양쪽 검지 손가락을 한 개씩 코 위에 얹는다.
'콕~' 할 때 신체 한 부분을 번갈아 가며 콕 찍는다.

3

| 동물 주제 연계 Preview Lesson의 예 |

2) 일상적 반복 활동(Daily Routine)

네 가지 일상적 반복 활동을 한다. 기본 활동으로 여러 가지 준비된 자료로 달력, 날씨, 기분, 팩스 등을 말하면서 생활영어를 습득하도록 한다.

| 기본 루틴 활동 |

▣ 컨텐츠 기반 루틴

어제 배운 내용을 간단히 상기하며 개념을 장기기억으로 가도록 도와주는 활동을 한다. 이때 단어카드 등 기억을 일깨울 수 있는 자료를 가지고 실시한다. 컨텐츠 기반 루틴에서 어린이는 내용을 반복함으로 중요한 개념이나 단어를 익히게 한다.

3) 주 활동(Main Lesson)

주 활동으로는 통합적으로 계획한 내용에 따라 개념을 익히는 활동을 한다. 주로 영역별 활동이 소개된다. 즉 언어, 파닉스, 과학, 수학, 사회, 음악, 동극 등이 소개되는 긴 과정이다.

(1) 언어 활동

▣ 이야기(Story) 듣기

주제 관련 Main Story 소개: 교사의 육성 외에 인터넷, CD, 앱 등으로 원어민의 발음으로 이야기를 듣는다.

| 그림책 탐색하기(저널에 제시된 활동) |

그림책 탐색을 위한 표지 예측하기 활동을 할 수 있다. 인상 깊은 장면을 그림으로 그려 보며 이야기의 내용에 참여한다.

▣ Let's Act It Out

각 동물들의 움직임과 내는 소리에 대해 이야기 나누어 보고 동물처럼 움직이며 소리 내어 본다.

▣ 어휘 익히기: iWonder Dictionary

개념과 관련된 단어 사전은 언어 영역에(혹은 가정 연계) 제시하여 활용할 수 있게 한다.

▣ 파닉스 활동: Phonics

매 저녁에 2~3개의 알파벳을 소개한다. 연령에 따라 다른 글자와 소리와의 관계를 알게 하는 활동이다. 특히 노래로 소개되기 때문에, 그리고 CD나 플래시 활동이 있어 쉽게 느껴지는 활동이다.

(2) 과학 활동

■ 화학으로서 쿠킹(cooking)

요리과학 활동은 화학적 변화, 언어, 수학, 테크놀로지 등을 다루는 통합적 활동이므로 다른 활동보다 시간이 소요된다. 멀티미디어, 특히 노래를 통한 재료, 순서 등을 익힘으로써 어려운 내용도 쉽게 이해할 수 있다. 상호작용이 많이 일어나는 활동이다. 인터넷을 활용하면 재료(ingredients)와 도구(utensils)에 대한 단어를 쉽게 기억할 수 있다.

■ 과학 활동: What Am I?

동물들의 그림자를 보며 어떤 동물의 그림자인지 유추한다. 이를 매칭하는 활동도 한다. 이 활동은 각 동물의 생김새와 특징에 대한 사전 지식이 필요하다.

■ 과학 활동: Senses

유아가 오감을 활용하여 사물의 특성을 파악하는 활동이다. 보고, 냄새 맡고, 먹어 보며 사물의 특징을 구체적으로 이해한다.

(3) 수학 활동

■ 수학 활동: Counting the Animals

사물을 세는 활동으로 수의 이름과 순서를 알게 한다. 그룹 게임 전에 사전 활동으로 할 수 있다.

▣ 수학 활동: Sequence

지난번에 만든 요리 순서(그림 카드 사용)에 대해 이야기 나누고 요리를 한 순서대로 기억해 본다. 사건의 순서를 앎으로써 논리적 사고를 길러 주는 활동이다.

▣ 수학 활동: Patterns

반복되는 패턴의 규칙에 대해 예측해 보고 패턴을 완성해 본다.

(4) 음률 활동

▣ Song

노래 부르기 활동을 통해 텍스트의 내용을 기억한다. 인터넷의 플래시 애니메이션과 동영상을 보고 언어와 동작을 연결해 본다.

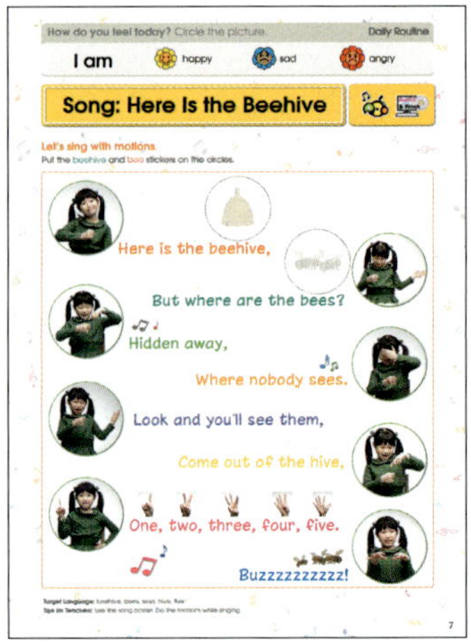

(5) 사회 활동

▣ Social Studies: My Plate

건강한 신체를 가지기 위해서는 골고루 먹어야 한다는 사회적 지식(social knowledge)이 필요하다. 'My plate' 에 있는 색의 의미에 대해 이야기를 나눈다. 이 활동은 접시 채우기로 과일을 담는 활동이다. 이 활동을 통해 유아는 과일의 이름, 골고루 먹기, 운동하기의 습관을 가질 수 있게 된다.

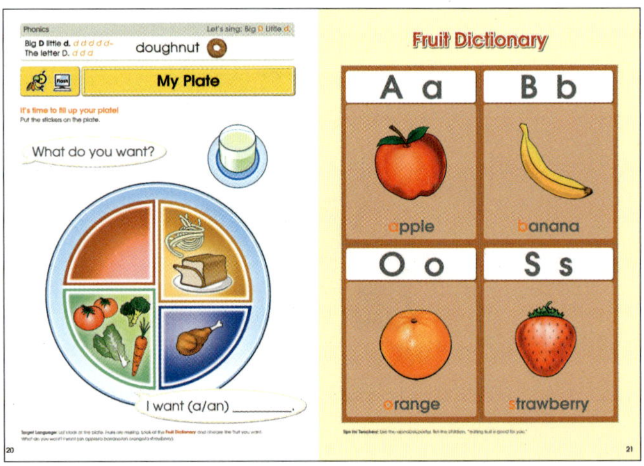

(6) 조형 활동

■ Creative Arts

연극을 위한 소품을 만들어 보는 연계 활동이다. 창안적으로도 소품을 만들어 본다.

(7) 동극 활동

■ Dramatic Play: Let's Choose a Role

자신이 하고 싶은 역할을 선택한다. 소품을 만들고(Creative Art 연계) 대사를 기억한다. 역할놀이를 하는 긴 과정이 소요된다.

▣ Let's Role Play

역할놀이를 하는 동안 자신이 선택한 역할을 또래와 함께 수행하면서 협동감을 증진시킬 수 있을 뿐만 아니라 감정이입 능력도 기를 수 있다.

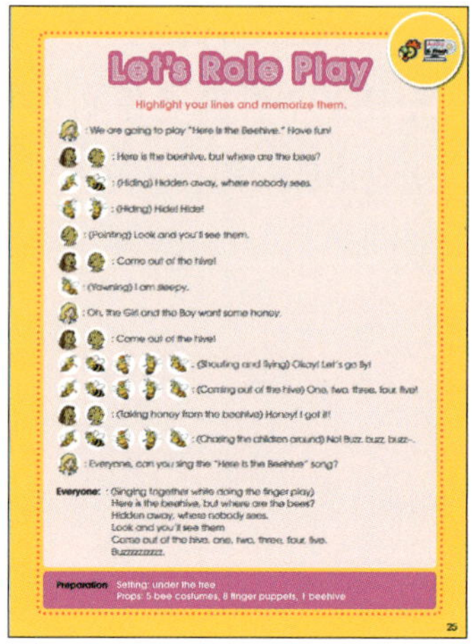

(8) 평가

▣ Assessment

이번 달에 배운 것을 기억해 본다. 다 같이 풀어보는 활동으로도 해볼 수 있다.

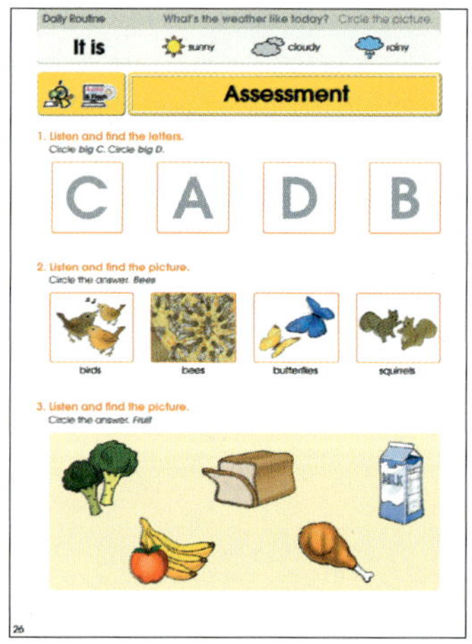

✽ 생각해 볼 문제

● 유아 영어교육을 실시할 때 누리과정을 연계하는 시점과 방법에 대해 토의해 보자.

제 17 장

동극(Dramatic Play)

본 장에서는 동극을 발표회나 부모 참여로 할 수 있는 방향으로 소개한다.

1. 동극(Dramatic play)의 의의

동극은 동화의 내용과 대사를 중심으로 극대화해 보는 활동이다. 동극은 유아가 즐거워하는 내용을 표현해 보는 과정을 통해서 표현력은 물론 상상력을 기르는 데 도움을 준다. 동극을 통해 어린이는 자신의 생각이나 느낌을 자유롭게 표현함으로써 자아존중감도 높일 수 있다. 또한 또래들과 의견을 나누고 갈등을 조정하는 과정을 통해 타인에 대한 존중과 배려를 배울 수 있고 합리적으로 의사를 결정하는 기술도 익히게 된다. 여러 명의 구성원과 함께 하나의 작품을 만들기 위해 협동해야 하므로 협동의 습관도 익힐 수 있다. 동극은 의사를 표현하기 위해 서로 의사소통하고, 자신의 대본을 소화하는 과정을 통해 언어학습의 장으로 활용될 수도 있으며, 극중 인물이 되어 연기하는 과정을 통해 자기중심적 성향에서 탈중심화되는 것도 도울 수 있다.

동극 활동의 의의는 다음과 같다.

① 다양한 상호작용

② 반복과 연습

③ 학습에 대한 동기 부여

④ 자기 표현과 자아존중감

⑤ 창의적 표현

⑥ 규칙의 준수

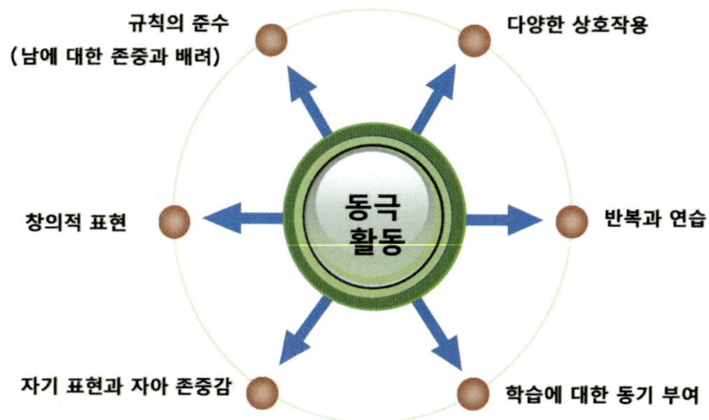

2. 동극 계획하기

이와 같은 의의에 따라 다음과 같은 순서로 동극은 학기에 걸쳐 장기적으로 계획되어야 한다. 이야기를 듣고 – 대사로 바꾸어 보고 – 손인형으로 동극을 해 보고 – 동극을 할 때 부르는 노래도 따로 연습해 보고 – 필요한 의상이나 무대에서 사용할 소품도 만들어 보고 – 대사에 필요한 움직임도 창안해 보고 – 목소리의 높낮이는 어떨지 소리 내 보고 – 녹음도 하며 다시 들어 보고 – 비형식적이지만 연습도 해 보고 – 지켜야 할 규칙도 만든다. 이렇듯 동극을 하기 위해서는 매일 조금씩 긴 과정을 밟아 가며 포괄적으로 다루어 간다. 이를 차례로 설명하면 다음과 같다.

STEP 1	Storytelling
STEP 2	Practice the Script
STEP 3	Puppet Play
STEP 4	Sing the Songs
STEP 5	Make Props/Backgrounds
STEP 6	Practice Motions
STEP 7	Practice Voices
STEP 8	Choose the Role
STEP 9	Rehearsal
STEP 10	Make the Rules

1) Performing Arts 진행 단계

(1) 제1단계: 이야기 듣기(Storytelling)

처음 단계에서는 유아에게 책, 인터넷동화, 손 인형극 등 다양한 방법으로 동화를 여러 번 소개한다. 동화를 들은 후에는 등장인물들에 대해 알아본다. 유아는 동극을 시작하기 전에 이야기를 충분히 이해하고 전체적인 흐름에 대해 파악하는 것은 성공적인 동극 진행을 위해 매우 중요하다. 유아가 대본을 접하기에 앞서서 동화책으로 이야기를 먼저 듣고 그 다음 대본을 접함으로써 일반 책과 대본의 차이도 배울 수 있다.

T: Everyone, come and sit here. It is story time! Look over here. Listen carefully. (동화를 보여 주며) The Queen of Hearts. (내용을 보고 동화를 읽는다.)

T: (동화를 다 들은 후) Good job listening!

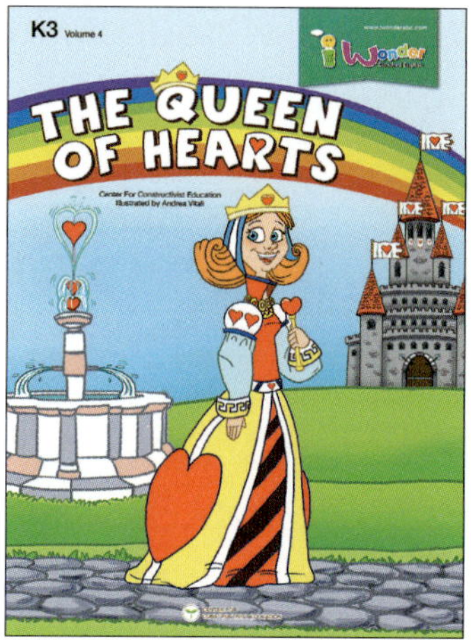

| 그림책으로 이야기 듣기 |

(2) 제2단계: 대사 연습(Practice the Script)

이 단계는 유아와 대본을 보고 대사를 연습하는 단계이다. 이 과정을 통해 유아는 대본으로 다시 짜인 내용을 이해하고 대사를 따라 해 본다. 유아는 대본을 읽어 가며 자연스럽게 자신이 하고 싶은 역할을 생각하게 되는데 여기서 교사는 조급하게 역할을 정해 주지 않도록 유의하여야 한다. 때로 유아는 한두 가지 등장인물로 선호도가 몰리고는 하는데 이때 너무 빨리 역할을 정하면 아이들이 각 캐릭터를 탐색하지 못하게 되고 자신이 원했던 역할을 하지 못해 속상한 일이 종종 있게 된다. 따라서 교사는 오랜 시간을 갖고 모든 유아가 다양한 역할을 골고루 연습해 볼 수 있도록 기회를 주어야 한다. 이러한 과정에서 유아는 각각의 등장인물을 더 심층적으로 탐색하게 되고 자신이 잘할 수 있는 역할을 발견하기도 하며 선호하는 역할이 바뀌기도 한다.

대사를 연습할 때에는 상황에 따라 인물의 심경이 어떠할지를 고려하며 상황과 역할에 어울리는 목소리를 내도록 한다. 영어로 된 동극은 특히 모델링이 중요한데 교사는 원어민이 녹음한 대본을 들려주거나 교사의 목소리로 실감나게 들려줄 수 있다.

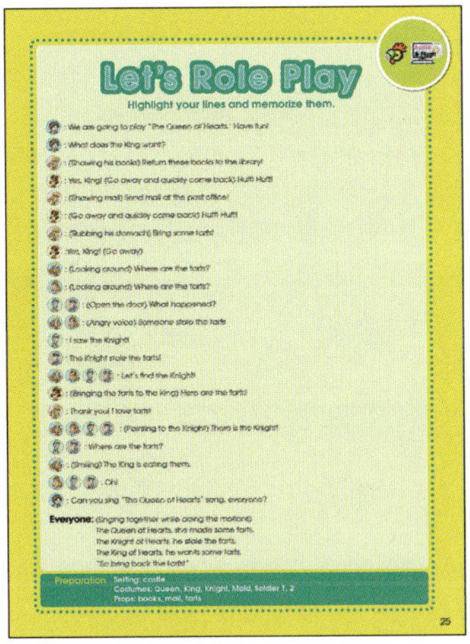

Let's Role Play

Highlight your lines and memorize them.

: We are going to play "The Queen of Hearts." Have fun!

: What does the King want?

: (Showing his books) Return these books to the library!

: Yes, King! (Go away and quickly come back) Huff! Huff!

: (Showing mail) Send mail at the post office!

: (Go away and quickly come back) Huff! Huff!

: (Rubbing his stomach) Bring some tarts!

: Yes, King! (Go away)

: (Looking around) Where are the tarts?

: (Looking around) Where are the tarts?

: (Open the door) What happened?

: (Angry voice) Someone stole the tarts

: I saw the Knight!

: The Knight stole the tarts!

: Let's find the Knight!

: (Bringing the tarts to the King) Here are the tarts!

: Thank you! I love tarts!

: (Pointing to the Knight) There is the Knight!

: Where are the tarts?

: (Smiling) The King is eating them.

: Oh!

: Can you sing "The Queen of Hearts" song, everyone?

Everyone: (Singing together while doing the motions)
The Queen of Hearts, she made some tarts.
The Knight of Hearts, he stole the tarts.
The King of Hearts, he wants some tarts.
"So bring back the tarts!"

Preparation Setting: castle
Costumes: Queen, King, Knight, Maid, Soldier 1, 2
Props: books, mail, tarts

25

| 동극 대본의 예 |

(3) 제3단계: 손인형극 보여 주기(Puppet Play)

이 단계에서는 교사가 손인형을 이용하여 Puppet Play를 시범 보이면 유아는 관객이 된다. 교사는 여러 차례에 걸쳐서 손인형극을 보여 줌으로써 유아가 동극의 움직임과 순서에 대해 자연스럽게 이해하도록 돕는다. 유아가 이러한 과정 없이 바로 무대에서 연습을 시작할 경우 무대 위에서 어디에 설지 몰라 우왕좌왕하게 된다. 그러나 손인형극을 많이 보게 되면 무대에서 등장인물이 어디에 서는지, 어떤 상황에서 어디로 움직이는지를 익힐 수 있다. 또 누가 대사한 후 누가 나오는지, 움직임으로 인한 대사 간의 공백은 없는지 등을 확인할 수 있어 많은 도움이 된다.

| 교사가 Puppet Play로 시범 보임 |

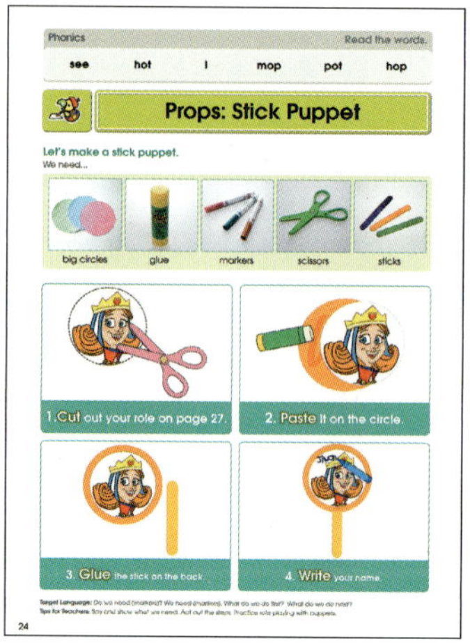
Phonics Read the words.
see hot I mop pot hop

Props: Stick Puppet

Let's make a stick puppet.
We need...
big circles glue markers scissors sticks

1. Cut out your role on page 27.
2. Paste it on the circle.
3. Glue the stick on the back.
4. Write your name.

24

| Puppet play 주인공 만들기의 예 |

(4) 제4단계: 노래 부르기(Sing the songs)

동극에는 종종 노래가 들어간다. 동극에서의 노래는 지루함을 없애 주고 극적인 효과를 낸다. 특히나 유아에게 노래는 대사보다 익히기 쉽고 무대 위에서의 어색함을 누그러뜨릴 수 있어 좋다.

동극에 들어가는 노래를 배울 때에는 특히 율동과 대형 변화를 고려하면 좋은데 무대가 클수록 작은 안무보다는 큰 대형 변화를 넣어 무대 활용을 잘 하도록 한다. 그리고 안무를 짤 때는 유아의 연령과 발달 수준을 고려해야 한다.

| 배운 노래에 안무까지 넣어 보는 장면 |

(5) 제5단계: 의상과 소품, 무대 만들기(Make Props/Backgrounds)

하나의 동극을 완성하기까지는 의상과 소품, 무대 등 많은 준비가 필요하다. 유아와 동극을 계획할 때에도 적절하게 소품과 무대를 계획하여 극적인 효과를 끌어올릴 수 있다. 그러나 이런 것들을 만드는 데 지나치게 많은 시간과 비용을 들여서 주객이 전도되는 현상은 없어야 하겠다. 특히 모든 것들을 전문점에서 대여하여 지나친 비용을 들이고 유아로부터 소품, 의상을 완성해 나가는 과정을 생략하는 것은 옳지 않다. 또 교사 혼자 이 모든 것들을 다 준비하려 하는 것도 무리이다. 연극에 필요한 의상, 소품, 무대를 준비하는 현명한 방법은 유아와 부모, 교사의 협력으로 완성해 나가는 것이다.

교사는 지나치지 않은 방향으로 전체 연극에 필요한 것들을 목록화시키고 유아와 활동을 통해 만들 수 있는 것과 만들기 힘든 것을 구분한다. 이 중에서 유아와 만들 수 있는 것들은 조형 활동을 통해 공동 작업, 개인 작업으로 완성해 나가도록 한다. 또 유아와 만들기 힘든 것들, 이를테면 바느질이 필요한 것들 같은 경우에는 가정과의 연계 활동을 통해 집에서 부모님과 유아가 완성하도록 하는 것도 하나의 방법이 될 것이다. 이 과정을 통해 처음에는 부담스러워하던 부모도 연극에 동참하게 되고 연극 당일 무대에서 자신이 참여한 작품을 보고 뿌듯함을 함께 느낄 수 있다. 단, 이 경우에는 협조문을 통해 소품을 만드는 과정과 완성된 샘플을 제시해 주어 부모가 쉽게 만들 수 있도록 돕는다.

이 외에 대부분의 필요한 의상, 소품, 무대는 유아와 완성해 나가게 되는데 이 과정에서 유아는 연극에 필요한 과정을 이해하고 협동심, 만족감을 얻게 된다. 또 자연스럽게 소품과 관계된 여러 가지 단어와 표현도 익힐 수 있다.

| 소품 만드는 자료 |

T: What is (Queen) wearing in the story?

C: A (crown).

T: We are going to make (a crown) today.

What do we need?

We need…

What do we do first?

what's next?

This is how we make (a crown).

| 소품을 만들 때의 지문 |

(6) 제6단계: 움직임 연습(Practice Motions) – 거울 놀이(Mirror Play)

동극에서의 적절한 움직임들은 관객들이 내용을 이해하는 데 많은 도움을 준다. 유아가 동극을 할 때에도 마이크 앞에 딱딱하게 서서 외운 대사를 읊는 것보다는 자연스러운 움직임으로 동극의 효과를 높이도록 한다. 유아는 무대에서 움직임을 하게 되면 무대 아래에서 유아를 바라보는 교사와 방향이 반대가 되어 종종 혼란스러워하는 경우를 볼 수가 있는데 이때를 대비하여 교사는 유아와 “거울 놀이(Mirror Play)”를 연습할 수 있다. 거울 놀이는 두 사람이 짝이 되어야 하는데 이 중 한 사람은 거울이 되어 반대쪽 사람의 동작을 그대로 따라 하면 된다. 유아가 무대에 오르면 교사는 이 게임을 이용하여 목소리를 혹사시키지 않고도 유아에게 동작을 지도할 수 있다.

유아가 동작을 만들 때에는 교사 혼자서 정하기보다는 유아와 생각 모으기를 통해 함께 동작을 정하면 좋다. 특히 극 중에 특정 동물이 나올 경우 실제 동물의 움직임을 함께 탐색하고 모두가 동물을 흉내 내 보는 경험을 가질 수 있다.

| 거울 놀이 장면 |

(7) 제7단계: 여러 가지 목소리(Practice Voices)

동극을 할 때 역할에 맞는 목소리를 모든 관객들이 들을 수 있도록 크게 내는 것은 매우 중요하다. 관객들은 실감나는 목소리를 통해 등장인물의 성격을 파악하고 동극 속으로 빠져들게 된다. 유아와 목소리를 연습할 때에는 먼저 등장인물의 캐릭터를 알아본 후 각 상황에 맞는 인물의 심경을 헤아린다. 그리고 같은 인물이라도 상황에 따라 다른 목소리를 내어 보는 경험도 하게 된다. 이러한 과정을 통해 유아는 타인의 입장이 되어 생각하는 탈중심화를 도울 수 있으며 자기를 표현하는 능력도 키울 수 있다.

목소리를 연습할 때에는 음성의 크기 또한 중요한데 특히 무대가 커질수록 등장인물들의 목소리가 잘 들리는지 확인하여야 한다. 유아의 목소리가 관객에게 잘 전달되지 않아 어렵게 준비한 동극이 아쉽게 끝나는 경우가 많이 있다. 유아와 목소리를 연습할 때에는 손신호를 정하면 실제 무대에서 교사가 용이하게 동극을 이끌어 갈 수 있다. 즉, 작은 소리, 큰 소리, 높은 소리, 낮은 소리(soft, loud, high, low) 등으로 손짓을 정하고 유아의 손신호를 보고 목소리를 낼 수 있도록 한다.

| 목소리를 다양하게 연습하기 |

(8) 제8단계: 역할 정하기(Choose the Role) – 가정과 학교의 연계 (Home school Connection)

교사가 유아와 충분한 연습을 해 본 후에는 누가 어떤 역할을 할지 정할 수 있다. 이 과정에서 교사는 유아가 본인이 원하는 배역을 자율적으로 정하도록 하며 교사가 임의대로 역할을 정하지 않도록 한다. 이때쯤에는 유아가 이미 여러 가지 역할을 경험해 보고 난 후이기 때문에 본인이 어떤 역할을 하고 싶고 또 잘할 수 있는지 윤곽이 드러나게 된다.

때에 따라서는 동극에 참여하는 유아의 수보다 역할의 수가 적은 경우가 있는데 이때에는 한 배역에 여러 명의 유아를 두어서 각 장마다 같은 등장인물에 다른 유아가 참여하도록 할 수 있다. 이를테면 같은 Queen 역할을 두고 1장에서는 Queen 1, 2장에서는 Queen 2, 3장에서는 Queen 3 등으로 세 명의 아이들이 한 역할을 나누어 맡을 수 있다. 또 사정상 동극 연습에 많이 참여하지 못했거나 연습의 마무리 단계에서 참여하게 된 유아는 나무, 시계 등의 동극에서 중요한 소품으로 참여시키는 방법도 있다.

역할이 다 정해지고 난 후에는 유아가 맡은 역할의 대사에 강조 표시를 해서 가정에 대본을 보내면 좋다. 이렇게 하면 학부모도 동극에 관심을 가지게 되고 또 유아도 대사와 노래 가사를 집에서도 연습할 수 있기 때문이다.

| 내가 하고 싶은 배역 정하기 |

(9) 제9단계: 총연습(Rehearsal)

유아가 어느 정도 자신의 대사 부분을 외우고 나면 동극 연습이 반복된다. 특히 동극을 무대에 올리고 학부모를 초대할 경우에는 교사의 부담이 커져 많은 연습을 하게 된다. 이 과정에서 교사는 멋진 공연을 보여 주려는 욕심이 많아져서 유아에게 스트레스를 주기 쉽고 유아는 반복되는 연습에 지치기 쉽다. 하지만 교사는 동극이 유아에게 그 과정 자체로서 의미가 있다는 것을 염두에 두고 너무 완벽한 공연에 집착하지 않아야 한다.

유아와 동극을 연습할 때에는 처음부터 끝까지 똑같은 내용을 반복하기보다는 강조할 점을 두어 연습하면 좋다. 때로는 장면마다 나누어 연습하기도 하고 때로는 목소리에, 때로는 동작에 초점을 두어 연습하면 좀 더 효율적인 연습이 될 것이다. 그리고 공연을 얼마 앞두지 않은 상황에서는 옆 반 친구들을 초대해서 서로의 공연을 보는 것도 많은 도움이 된다. 유아는 이 단계에서 부모님이나 친구들에게 초대장을 쓰기도 하고 자신들의 공연을 홍보하는 포스터를 제작할 수도 있다.

그리고 실제 공연을 할 무대를 미리 답사하는 것도 많은 도움이 된다. 공연 장소가 평소에 연습하는 교실이라면 문제가 없겠지만 연습했던 곳보다 규모가 큰 강당이나 실제 공연장에서는 유아가 공간에 적응하는 과정이 필요하기 때문이다. 특히 무대를 활용하는 방법이나 대형에 있어서 교실과는 차이가 있기 때문에 평소에 연습할 때부터 마스킹 테이프를 이용하여 유아가 어디에 서야 할지, 어디로 이동해야 할지 등을 표시해 놓고 실제 무대에 적용하면 좋다.

또한 공연 전에 유아의 무대에 대한 이해를 도와주는 것은 공연에 많은 도움이 된다. 조명, 배경, 마이크, 배우, 관객 등 무대에 기본적으로 필요한 요소들에 대해 이야기하고 실제 연극을 관람해 보는 것도 공연을 앞둔 유아에게 매우 유익한 경험이 될 것이다.

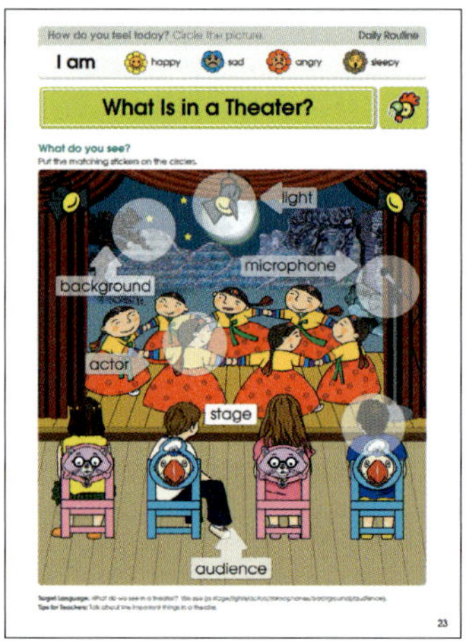

| 무대에 대해 배우기 |

(10) 제10단계: 규칙 만들기(Make the Rules)

동극 진행의 마지막 단계로는 유아와 공연에서 지켜야 할 규칙을 정해 볼 수 있다. 규칙은 크게 공연을 하는 배우로서의 규칙과 다른 사람의 공연을 관람하는 관객으로서의 규칙을 정할 수 있다. 규칙을 정할 때에는 교사가 일방적으로 정해 놓은 규칙을 이야기하는 것보다는 유아가 이제까지 연습을 토대로 본인들의 경험에서 우러나온 규칙을 이야기할 수 있도록 한다. 유아와 영어로 규칙을 정하는 게 어렵다면 한글 수업에서 연계하여 진행할 수 있다.

As the audience	As an actor
· Sit nicely! · Watch carefully! · Clap your hands when the performance is finished. · Don't talk with your friends.	· Face the audience. · Speak loudly, clearly and slowly! · Don't wave to your mom. · Don't fix your friends' mistakes.

| 규칙 만들기 |

(11) 공연(Performance)

공연을 위한 공연장이 따로 준비되어 있을 때는 미리 답사하여 무대, 마이크, 장비, 객석, 화장실, 동선을 체크해 둔다. 공연 당일에는 유아가 움직이는 방향을 쉽게 알 수 있게 바닥에 동선을 표시해 두어야 한다.

교사는 공연을 위해 필요한 조명, 마이크, 막간에 사용할 PPT(동극을 위한 준비를 기록한 것) 등을 점검한다. 동극의 순서와 배우, 내용을 소개하는 안내문은 특히 부모에게 유용하므로 미리 준비해 두면 좋다. 당일에는 관객(부모와 유아)을 위해 적절한 안내가 이루어져야 하며, 사회자는 따로 역할을 담당한다.

안내문

3. 연령별 동극 공연의 조언(Tips)

동극은 어린이가 즐기는 활동이지만 연령에 따라 내용을 이해하는 정도, 표현력, 협동하는 능력 등이 각기 다르기 때문에 연령에 따라 조금 다르게 이루어질 수 있다.

1) 만 3세의 경우

만 3세는 발달 단계적 특성을 고려해 볼 때 복잡한 내용이나 긴 내용보다는 노래 위주로 이루어진 간단한 내용의 동극을 선정하는 것이 바람직하다. 또 공연에 많은 동선을 최소화하고 반복된 움직임과 대사가 있도록 구성한다. 또한 두 명의 유아가 한 역할을 맡아 두 명이 같이 대사를 하는 것도 좋다.

만 3세에게 적합한 또 하나의 팁으로는 동극에 참여하는 모든 아이들이 동극의 처음부터 끝까지 함께 등장하는 방법이 있다. 교사는 무대에 모든 아이들을 위한 의자를 두어 유아가 무대 뒤로 이동 없이 한 공간에서 움직일 수 있도록 할 수 있다. 단, 각 역할을 맡은 유아는 자기 순서가 되었을 때 무대 앞으로 걸어 나와 자신의 대사와 동작을 하고 다시 의자로 돌아가 앉으면 된다. 동극에서 노래가 나올 때에는 전원이 함께 무대에서 노래와 동작을 하면 된다. 이 구성은 유아에게는 복잡하지 않으면서 학부모는 유아를 처음부터 끝까지 볼 수 있어 좋은 방법이다.

2) 만 4세의 경우

만 4세는 만 3세에 비해 조금 더 다양한 대사와 동선을 계획할 수 있지만 유아에게 무리 없이 반복적으로 구성한다. 또한 노래를 부를 때에는 간단한 대형 변화 등을 시도할 수 있다.

3) 만 5세의 경우

만 5세의 동극은 대사와 동선을 더욱 자유롭게 구성할 수 있다. 또한 유아가 본인의 연극을 스스로 모니터하도록 한다. 만 5세가 되면 한 명, 한 명이 부각되는 대사나 동작을 구성할 수 있는데 이는 유아에게 자신감을 갖게 해 준다. 이것이 좀 어렵다면 연극이 끝날 때 한 명씩 자신의 이름과 맡은 배역을 소개하는 기회를 줄 수 있는데 아래와 같이 간단한 표현을 사용하면 된다.

< 연극이 끝난 후 자기소개하기 >

My name is ____. I am (a/an) _____.

(마지막에 다 같이) Thank you for **watching us.**
being here.
coming.

생각해 볼 문제

- 유아 영어교육에서 동극 활동을 발표회와 연결하여 실시하였을 때 나타날 수있는 긍정적 영향에 대해 토의해 보자.

제 18 장

평가(Assessment)

본 장에서는 유아용 평가와 교사용 평가의 예를 살펴본다.

1. 유아용 평가

평가는 자연스러운 상황에서 유아의 작품이나 활동 결과물을 수집하여 포트폴리오 평가를 병행하여 실시하는 것이 바람직하다. 평가의 목적은 유아의 현재 수준을 올바르게 파악하여 적절한 도움을 주는 것이다. 즉, 유아의 현재 수준과 과거 수준을 비교하여 발달의 정도를 알아보고, 다음 단계로 발달하도록 돕는 자료로 활용하여 교사의 의사 결정의 기초 자료에 도움을 준다. 평가의 내용으로는 자기 이름, 알파벳의 모양과 소리, 대문자와 소문자, 기본적인 개념(수, 색, 형태), 파닉스, 일상적인 표현 등 영어 학습과 관련하여 창의적으로 사고하는 것을 살펴본다.

만일 기관에서 사용하는 컨텐츠 기반 프로그램이 있다면 월별 평가를 할 수 있다. 이와 같은 자료는 포트폴리오 자료로 활용될 수 있을 것이며 학기 말 혹은 학년 평가 자료와 연계될 수 있다. 본 장의 평가에 의거해서 각 유아교육기관에 맞는 평가 자료를 구성 · 사용해야 할 것이다.

유아용 평가지의 예를 들면 다음과 같다.

평 가 (Assessment)

유아 이름 __________ 나이 _____ 반 이름 __________ 면접 날짜 _______. ____. ____

▶ 자기 이름

영어로 자기 이름을 써 보세요.

____

▶ 알파벳 이름

알고 있는 알파벳을 이야기해 보세요(유아가 말로 이야기하면 교사가 적는다).

____

____

▶ 알파벳 이름

알고 있는 알파벳을 써 보세요(유아가 말로 한 것을 스스로 적는다. 이때 대문자 소문자를 구분하여 적어 보게 한다).

____

____

▶ 알파벳 모양(대문자)

대문자 중에서 알고 있는 알파벳이 있으면 손으로 짚으며 읽어 보세요(유아가 말한 알파벳을 표시한다).

Z X Y W U V T R S Q P O M N L J K I G
H E F D B C A

▶ 알파벳 모양(소문자)

소문자 중에서 알고 있는 알파벳이 있으면 손으로 짚으며 읽어 보세요(유아가 말한 알파벳을 표시한다).

z x y w u v t r s q p o m n l j k i g h e
f d b c a

▶ 색

여기 있는 색의 이름을 영어로 이야기해 보세요.

red □	yellow □	blue □
white □	orange □	green □
brown □	black □	purple □

▶ 입으로 숫자 말하기

1~10까지 영어로 이야기해 보세요. 11~20까지 영어로 이야기해 보세요.

▶ 숫자 이름 읽기

아래에 있는 숫자의 이름을 손으로 짚으며 이야기해 보세요.

ten one five two six
eight nine three seven four

▶ 숫자의 이름 읽기

아래에 있는 숫자를 손으로 짚으며 이야기해 보세요.

3 1 5 2 7 9 8 4 6 10 4

▶ 음소 인식 (첫소리 글자 인식, 끝소리 글자 인식)

(교사가 단어를 읽어 주면 어린이는 첫 글자 혹은 끝 글자의 소리를 말한다. 예를 들어 dog 단어에서 처음 글자가 내는 소리는? 어린이는 "d"라고 말한다. 그럼 dog에서 끝소리는 어떤 소리일까? 어린이는 "g"라고 말한다. 글자의 앞, 뒤에 ○, × 표시를 한다.)

__ dog __	__ ten __	__ cat __	__ mom __	__ boy __	__ fox __
__ red __	__ yo-yo __	__ hat __	__ jam __	__ kit __	__ lip __
__ quilt __	__ sun __	__ zag __	__ van __	__ wig __	

▶ 도형의 이름 말하기

아래에 있는 도형의 이름을 영어로 말해 보세요.

▶ 일상생활

다음에 있는 것들을 영어로 이야기해 보세요(말로 표현하기).

요일 ______________________________

오늘의 날짜 __________ 오늘의 날씨 (기본적인 것) __________

▶ 기본적인 CVC 단어 5개 인식하기

아래에 있는 단어를 보고 읽어 보세요.

cat ten sit dog run

2. 교사용 평가

다음은 예비 유아교사 혹은 현직 유아교사로서 스스로의 수업을 평가하고 개선하기 위한 기본 자료로 활용될 수 있는 것을 예로 들었다.

모의수업 체크리스트

▶ Preview Lesson

1. 사전활동이 본 활동에 필요한 사전 지식을 이해하도록 돕는가? □

▶ Daily Routine

1. 적절한 상호작용을 하는가? □
2. 교사의 몸짓이나 동작이 단어, 문장, 내용 등과 연관성이 있는가? □

▶ Main Lesson | Individual Activity | Phonics Lesson

1. 제목, 부제, 본문 내용을 읽어 주는가? □
2. 교사의 몸짓 및 동작이 단어, 문장, 내용 등과 연관성이 있는가? □
3. 본문 내용에 대하여 다양한 방법으로 질문하는가? □
4. 학습과 관련하여 어떤 감각을 활용하는가? 청각 □ 시각 □ 운동감각 □ 촉각 □
5. 4가지 언어 기술 중 어느 것을 강조하는가? 듣기 □ 말하기 □ 읽기 □ 쓰기 □
6. 어떤 교수법을 사용하는가?
   문법 번역식 교수법 □ 청화식 교수법 □ 직접 교수법 □
   과업 중심 교수법 □ 의사소통 중심 교수법 □ 전신반응 교수법 □
   내용 중심 교수법 □ Daily Routine □
7. 수업 진행과 운영은 한국어 수업처럼 자연스러운가? □
8. 유아의 실수를 직접 수정하지 않고, 모델링, 반복 등의 방법을 사용하는가? □
9. 어떤 그룹을 대상으로 수업을 진행하는가? 대그룹 □ 소그룹 □ 개별 활동 □
10. 가르치고자 하는 목표에 맞는 활동들로 수업을 이끌어 가는가? □
11. 교사는 정확하고 분명한 어조로 말하는가? □
12. 한국어와 영어를 섞어서 사용하는가? 영어만 □ 한국어 사용 정도 (%)

▶ 자료 사용 및 주의 집중

1. 어떤 교수 자료를 활용했는가? □
   그림 자료 □ 단어/문장 카드 □ 차트, 표, 그래프, 포스터 등 □ 인터넷 □
   앱 혹은 태블릿 □ CD □ 실물 자료 □ 저널 □

2. 자료는 유아 발달에 적합한 크기와 색으로 만들어졌는가? □
3. 이해 가능한 입력이 되도록 자료를 활용하는가? □
4. 지속적으로 주의 집중할 수 있는 전략을 사용하는가? □

생각해 볼 문제

- 우리 기관에서 사용하는 유아용 평가의 특징에 대해 토의해 보자.
- 우리 기관에서 사용하는 교사용 평가의 특징에 대해 토의해 보자.
- 평가(Assessment)와 연계된 포트폴리오를 고안해 보자.

참고문헌

교육과학기술부 (2010). 창의인성교육 강화(STEaM). 2007년 개정교육과정의 문제점을 수정보완하여 창의인성교육을 강화한 교육과정.

권옥자, 배인자, 유혜숙, 윤애희, 정은주(1998). 유아를 위한 교수매체의 이론과 실제. 서울: 형설출판사.

김애옥(1998). 인형극의 이론과 실제. 서울: 양서원.

김영길 (2009). "사람이 사람되게 하는 참교육이 필요합니다". *The CHARACTER Journal 17*, Special Interview , 16-17.

김애옥(1998). 인형극의 이론과 실제. 서울: 양서원.

김정희(2009). 유아교육기관의 교수매체 이론과 활용. 서울: 파란마음.

심성경, 조순옥, 변길희, 김나림, 최대훈, 박주희(2007). 영유아를 위한 교수매체의 이론과 실제. 서울: 학지사.

엘빈 토플러(2006). 제3의 물결. 서울: 홍신문화사.

유혜령, 강은희, 박지영(2003). 유아교수공학과 교수 · 학습방법. 서울:창지사.

이각범(2010). "Smartwork Insight 일하는 방식의 대혁명적 변화 '스마트워크'". 서울: 한국정보화진흥원.

이경우, Merrill, C. (2010). 총체적 언어능력 향상을 위한 심화 영어 독서 프로그램 모델, 심화 영어 독서 프로그램. 유아이중언어교육학회. pp. 5-16.

이완기(1998). 초등영어지도법. 서울: 문진미디어.

Adams, M. J. (1990). Beginning to read: Thinking and learning about print. Cambridge, MA: MIT Press.

Adams, M. J. & Bruck, M. (1995). Interactive children' s literature: Moving from print to electronic literacy. *Reading Horizons, 26*(4), 247-251.

Asher, J. (1977). *Learning another language through actions: The complete teacher' s guidebook*. Los Gatos, CA.: Sky Oads Productions.

Berlitz, M. D. (1987). *Methode Berlitz*. N.Y.: Berlitz.

Brinton, D. (2003). Content-based instruction. In D. Nunan.(Ed.). *Practical English Language Teaching*. New York: McGraw-Hill. 199-224.

Brinton, D., Snow, M. A., & Wesche, M. (1989). *Content-based second language instruction*. Ann Arbor. MI.: University of Michigan Press.

Brooks, J. C. & Brooks, G. (1993). *In search of understanding: The case for constructivist classrooms*. Alexandria, VA: Association for Supervism of Curriculum Developmet.

Brown, H. D. (2001). *원리에 의한 교수: 언어 교육에의 상호작용적 접근법. 제2판*. 권오량, 김영숙, 한문섭 공역. 서울: Pearson Education Korea.

Campbell, R. (1994). Immersion models of foreign language education. 세계화와 조기외국어 교육. 서울: 이화여대학교 인간발달연구소. 21-48.

Chall, J. S. (1967). *Learning to read: The great debate*. N. T.: McGraw-Hill.

Chall, J. S. & Popp, H. P. (1966). *Teaching and assessing phonics: Why, what, when, how*. Cambridge: Educators Publishing Services, Inc.

Chomsky, N. (1965). *Aspect of the theory of syntax*. MA: The MIT Press.

Collier, V. (1987). How long? A Synthesis of research on academic achievement in a second language. *TESOL Quarterly. 23*. 509-531.

Cummins, J. (1981). Four Misconceptions About Language Proficiency in Bilingual Education. *NABE Journal, 5*(3), 31-45

Cummins, J. (1991). Interdependence of first-and second-language proficiency in bilingual children. In Bialystock(ed.), *Language processing in bilingual children*. New York, N. Y.: Cambridge University Press. 70-89.

Debra, S. (2010). *NSTA-National Science Teachers Association*. NASTA WebNews Digest.

Donaldson, M. (1999). 'Why teach a foreign language early?' In Lenska, E. (Ed.). *How to teach young learners effectively*. Moscow, Russia: British Council.

Eldredge. (1999). Four medieval manuscripts with mathematical games. Medium Aevum;1999, Vol. 68 Issue 2, p. 209.

Fries, C. C. (1945). *Teaching and learning English as a foreign language*. Ann Arbor, MI.: University of Michigan Press.

Goodman, K. (1986). *What's whole in whole language?* Portsmouth, NH.: Heinemann Educational Books, Inc.

Goodwin, J. (2004). *Content-based instruction*. L. A.: University of California, Los Angeles Language Resource Center.

Hymes, D. (1971). Pidginization and creolization of languages. Cambridge: Cambridge University Press.

Kamii, C. & DeVries, R. (1980). *Group Games in Early Education: Implications of Piaget's*

Theory. Washington D. C.: NAEYC.

Kamii, C. & DeVries, R. (1992). *Physical Knowledge in Preschool Education of Piaget's Theory*. 이경우 문미옥 번역. 물리적 지식 활동: 피아제 이론에 근거한 과학교육. (원전 출판 1987). 서울: 창지사.

Krashen, S. (1982). *Principles and practice in second language acquisition*. Oxford: Pergamon Press.

Kucer, S. B. (1998). The cognitive base of reading and writing. In J. Squire (Ed.). *The Dynamics of language of learning*. Urban, Ill.: Eric Clearing House on Reading and Communication Skill & National Conference on Research in English.

Lasen-Freeman, D. (2000). *Techniques and principles in language teaching*. Hong Kong: Oxford.

Lightbown, P. M. & Spada, N. (1990). Focus on forms and corrective feedback in communicative language teaching: Effects on second language. *Studies in Second Language, August 12*. 429-448.

Long, M. (1983). Native speaker/non-native speaker conversation and the negotiation of comprehensible input. *Applied Linguistics. 4*. 126-41.

Merrill, C. C. (2002). Dual language Education: Program review and criteria. 세계를 향한 효과적 언어프로그램의 방향. 서울: 한국어린이미디어학회. 5-63.

Merrill, C. C. (2004), 컨텐츠기반 영어교육 프로그램: 한/영 이중언어 프로그램(Korean/English Dual Language)의 배경 및 기준. 멀티미디어를 활용한 영어교육: 생활주제를 중심으로. 서울: 한국어린이미디어학회. 36-51.

Miller, G. A. (1988). The challenge of universal literacy. *Science 241*. (4871). 1293-1299.

Piaget, J. (1932). *The Moral Judgment of the Child*. N. Y: Free Press.

Piaget, J. (1936/1952). *The origins of intelligence in children*. New York, International Universities press.

Piaget, J. (1954/1981). *Intelligence and Affectivity: Their relationship during child developemnt*. Palo Alto, CA: Annual Reviews Monograph.

Piaget, J. (1965). *The child's conception of number*. New York: Noton.

Piaget, J. (1970). Genetic Epistemology. *Translated by E Duckworth*. N Y : Columbia University Press.

Piaget, J. (1975/1985). *The equilibration of cognitive structures*. Chicago, IL: University of Chicago Press.

Piaget, J. (1977). *The deveopment of though: Equilibration of cognitive structures*. New

York: The Viking Press.

Piaget, J. (1978). *Success and understanding*. Cambridge, MA: Harvard University Press.

Piaget, J. (1980). *Experiments in contradiction*. Chicago: University of Chicago Press.

Pink. (2005). *A Whole New Mind: Moving from the Information Age to the Conceptual Age*. London: George Allen & Unwin.

Rosenblatt, L. (1978). *The reader, the text, the poem*. Carbondale, Ill.: Southern Illionois University Press.

Sales. (2011). Using Computer Simulations to Support STEM Learning. International *Journal of Engineering Education. 27*(4 PART II). 766-777.

Schmidt, R. (1990). The role of consciousness in second language learning. *Applied linguistics. 11*. 17-46.

Skehan, P. (1998a). *A cognitive approach to language learning*. Oxford: Oxford University Press. [See esp. Ch. 7, "Processing perspectives on testing," . 153-183.]

Skehan, P. (1998b). Task-based instruction. In W. Grabe (Ed.), *Annual Review of Applied Linguistics, 18*, 268-286.

Skehan, P., & Foster, P. (1997). Task type and task processing conditions as influence on foreign language performance. *Language Teaching Research, 1*, 185-211.

Skehan, P., & Foster, P. (1999). The influence of task structure and processing conditions on narritive retellings. *Language Learning, 49*, 93-120.

Skinner, B. F. (1968). *The Technology of Teaching*. N. Y.: Appleton-Century Croft.

Sohn, S. O. & Merrill, C. C. (1994). *Studies on Immersion Education: A collection for U. S. educators*. California Dept of Education. October, 1984. ASIN: 0801102340.

Suliman, H. (2012). As Ebooks and Apps attempt to teach kis to read, parents still most important factor in Popurav Educational Literacy Apps. 4, 2012.

Vygotsky, L. S. (1986). *Thought and language*. Cambridge, MA.: MIT Press.

Widdowson, H. G. (1978). *Teaching language as communication*. Oxford: Oxford University Press.

Williams, M. & Burden, R. L. (1997). *Psychology for language teacher: A social constructivist approach*. Cambridge: Cambridge University Press.

Willis, D. (1990). *The lexical syllabus*. London: Harper Collins.

Willkins, D. A.(1976). *National syllabuses*. Oxford: Oxford University Press.

Wong-Fillmore, L. (1991). When learning a second language means losing the first. *Early Childhood Research Quarterly*. 6/3. 323-46.

◈ 참고 사이트

www.callaway.com

www.digitalbookworld.com

www.channelit.co.kr

www.ef.co.kr

www.iwonderdual.com

www.mn-stem.com

www.pbskids.org/lions

www.readinga-z. com

www.renlearn.com

(Literacy skills targeted by Popular Educational Literacy Apps, 4, 2012. Requoted from 'As Ebooks and Apps Attept tp Teach Kids to Read, Parents Still Most Important Factor' by Hasina Suliman. .2012년 12월 12일에 인출)

www.youtube.com/watch?v=UFwWWs2_Xqs

◈ 쉬운 영어 동화책

Carle, E. (1987). *The Very Hungry Caterpillar*. Scholastic.

Carter, D. A. (1992). *Over in the Meadow*. Scholastic.

Christelow, E. (1989). *Five Little Monkeys Jumping on the Bed*. Clarion Books.

Crews, D. (1978). *Freight Train*. Harper Festival.

Ehlert, L. (1987). *Growing Vegetable Soup*. Voyager Books.

Ehlert, L. (1989). *Color Zoo*. Harper Collins Publishers

Kyungbin Yi. Lee (2001). *Good Morning My Friends*. Kuniverse.

Kyungbin Yi. Lee (2001). *The Red Hen*. KUniverse.

MacDonald, S. (1986). *Alphabatics*. Simon & Schuster.

Martin, B. (1984). *Brown Bear Brown Bear What Do You See?* N. Y. : Penguin Putnam Inc.

Martin, B. (1989). *Chicka Chicka Boom Boom*. Simon & Schuster(이경우 역, 치카치카 붐붐, KUniverse, 2001).

Marzollo, J. (1992). *I Spy Little Letters*. Scholastic(이경우 역, 나는 찾아요 알파벳, KUniverse, 2001).

Roe, E. (1990). *All I Am*. Scholastic.

저자 소개

이경우
현) 구성주의교육연구소 소장
전) 이화여자대학교 교수
전) UCLA 연구교수

C. Merrill
현) Global International Elementary School 교장
전) UCLA Extension Program Director
전) 서울대학교 교수

곽향림
현) 호원대학교 교수
현) 호원대학교 부속유치원 원장
현) 구성주의교육학회 회장

이연승
현) 경성대학교 교수
현) 한국과학기술연구원 로봇기반교육지원단 위원장
전) 한국유아교육학회 회장

전지형
현) 창원대학교 교수
현) 한국유아교육학회 부산 · 울산 · 경남지회 회장
현) 구성주의유아교육학회 부회장

CCE 연구진
정경진 이윤희 한새미 이혜민

개정

유아 영어교육의 이론과 실제

초판 1쇄 발행 2004년 9월 13일
초판 8쇄 발행 2012년 1월 20일
개정 3쇄 발행 2020년 1월 15일

지 은 이 | 이경우 · Craig C. Merrill · 곽향림 · 이연승 · 전지형
펴 낸 이 | 김기섭
책임편집 | 태선옥
펴 낸 곳 | 창지사 www.changjisa.com
153-802 서울시 금천구 가산디지털 1로 83 파트너스타워1차 9층
전화 (02)719-2211~3
팩스 (02)701-9386
등 록 | 1977년 4월 28일 · 제1-421호

ISBN 978-89-426-0625-2 (93370)

값 17,000원